HILLE · ICH BIN, ALSO IST SCHÖNHEIT

Universal Bibliothek

BELLETRISTIK

Peter Hille

ICH BIN, ALSO IST SCHÖNHEIT

Lyrik · Prosa

Aphorismen · Essays

1989

Verlag Philipp Reclam jun. Leipzig

Herausgegeben von Rüdiger Bernhardt, unter Mithilfe von Heidi Ruddigkeit, und mit einem Nachwort von Rüdiger Bernhardt

Mit 6 Abbildungen

ISBN 3-379-00490-1

Reclams Universal-Bibliothek Band 604
3. Auflage
Umschlaggestaltung: Irmgard Horlbeck-Kappler unter Verwendung einer Graphik von Günter Horlbeck
Lizenz Nr. 363. 340/38/89 · LSV 7100 · Vbg. 13,3
Printed in the German Democratic Republic
Grafischer Großbetrieb Völkerfreundschaft Dresden
Gesetzt aus Garamond-Antiqua
Bestellnummer: 660 665 7
00200

I

Lyrik

„Und alles, was schön ist auf dieser Weltwiese,
Ist aus Sehnen und Liebe schön."

Prometheus

Entgegengeschmiedet
Auf schroffem Fels
Den Pfeilen der Sonne,
Dem Hagelgeprassel,
Trotz ich, Olympier, dir.
Der wiederwachsenden Leber
Zuckende Fiebern
Hackt mir des Geiers Biß
Aus klaffender Wunde.

Ein Wimmern, glaubtest,
Olympier, du,
Würden die rauschenden Winde
Ins hochaufhorchende
Ohr dir tragen?
Nicht reut mich der Mensch,
Der Leben und Feuer mir dankt,
Nicht fleh ich Entfeßlung von dir;

Jahrhunderte will ich
Felsentrotzig durchdauern,
Jahrtausende,
Wenn dir die Lust nicht schwindet,
Wenn der Trotzende nicht
Zu glücklich dir scheint.

An die Hoffnung

Als geschwunden der kindische Wahn,
Es würde sich klären
Das Chaos, die Träume,
Sich klären zur Dichtung,
Werden zur Wahrheit
Als gewichen der Wahn,
Wie stand ich verzweifelt,
Starrte ins Leere,
In trostlose Nacht!

Sollte mein Auge
Geworfen nur haben
Den Unglücksblick
Ins Strahlenmeer der heiligen Dichtung,
Daß ich wanke
Ins Dunkel,
Wanke ins graue
Leben des Alltags?
Tiefe, traurig-tiefe Nacht!

Da seh ich ein Licht,
Ein schwaches schwankendes Licht,
Es wird größer, wird heller. –
Verschwunden ists. –
Da leuchtet es wieder,
Größer und größer,
Ich sehe den Stern,
Der tröstend mir winkt.

Sehe beleuchtet von ihm
Deine rosigen Finger,
Dein holdes Gesicht,
O du meine Hoffnung!
Es lichtet schon mehr sich und mehr
Das trübe Dunkel.
Entgegen schon seh ich mir schimmern
Den Himmel des Ruhmes,
An deiner Hand
Erreich ich ihn bald.
Glück nur und Dank und strebender Eifer
Schwellt die freudige Seele,
Noch eben umnachtet!
Dank dir, innigster Dank
Dir, Trösterin Hoffnung.

Hymnus an die Dummheit

Dummheit, erhabene Göttin,
Unsere Patronin,
Die du auf goldenem Throne,
Auf niedriger Stirne die blitzende Krone,
Stumpfsinnig erhabenes Lächeln
Auf breitem, nichtssagendem Antlitz –
Königlich sitzest:
Siehe herab mit der Milde Miene
Auf deine treuen, dir nach-
Dummenden Kinder,
Verjage aus dem Land
Die Dichter und Künstler und Denker,
Unsere Verächter,
Vernichte die Bücher – Traumbuch und Rechenknecht,
Briefsteller und Lacherbsen verschonend,
Und wir bringen ein Eselchen dir,
Dein Lieblingstier,
Dein mildes, sanftes, ohrenaufsteigendes
Lieblingstier.
Eine goldene Krippe dafür
Und ein purpurnes Laken von Disteln.

Der Johanniskäfer

Was liegt im Gras?
Ein Sternlein.
Wie leuchtet das,
Gibt grünen Schein.

Am Himmel blau,
Da war es gold.
Auf grüne Au
Ists hingerollt.

Das Leuchten blieb,
Nun ward es grün,
Der Erd zulieb
Will Sternlein blühn.

Engellieder

Der Schutzengel

Ein Schatten fällt auf deine Wange,
Es ist die Wimper nur, die lange.
Ein Seufzer sucht die Himmelslust,
Vor der noch warm die Traumesbrust.

Du hast das Heimweh nach dem ewigen Leben
Und fühlst dich mit uns noch im Himmel schweben,
Und kommst bald wieder.

Asrael

Sieh, mein Vater, mein Kind schlägt eben
Die Augen auf.
Es will einen Kuß dir ja geben,
O nimm es auf.
Und lege es an dein Herz,
Und lege es an dein Weltenherz,
Und lege es an dein Vaterherz,
Das für alles schlägt,
Was Leben und was Seele trägt;
Sieh mal, wie warm, wie tränenwarm
Auffunkelt das Herz:
In Freudenfluten überfließt der Harm
Die roten Bäckchen glühen vor tiefem Herz;
Die blauen Augen sieh,
Wie sie
Verwundert und verschleiert.
An deinem Herzen halt du es,
Indes
Die kleine Seele feiert.

Raphael

O komm leise, leise komm,
Laß das Licht und sieh, wie fromm
Da liegt es, Atem steigt
Als Gebet noch, Lippe schweigt,
Schläft in lieber Heimlichkeit.
Hin nun weiht
Dir sich hin sein ganzes Leben.
Du hörst die fromme Seele beben.
Nun kannst du ihr den Segen geben
Für die Nacht.
Gute Nacht!

Die Weihnachtsfee

Und Frieden auf Erden den Menschen,
die eines guten Willens sind.

Suchende Sterne ins eilende Haar,
Frierende Sterne, schmelzend zergangen
Über den wunderfeiernden Wangen,
Und die Augen von Liebe so klar.

Wie Glocken klar, wie Reif so rein
Und so duft und so jung und blühend vor Güte
Tau der Frühe himmlische Blüte
Wie Rosen und wie Fliederschnein.

Da steigen die Hände, ein bettelndes Meer,
Augen dunkeln nach Geschenken,
Mir! Mir! Mir! Mich mußt du bedenken!
So steigen die bettelnden Teller her.

Dunkel wirds, ein Wunder steht
Strenge in der Feenseele,
Wie wenn rohe Nacht das Leuchten quäle
Und Ernst in die Güte der Augen geht.

Und es spricht wie klares Licht
Aus dem milden Angesicht:
Geben euch? Was soll ich euch geben,
Alle Wunder habt ihr ja hier,
Eine Erde, die könnt hegen ihr,
In euch selber will der Himmel leben.

Kinder, ihr wünscht,
So könnt ihr ja geben
Und selig sein und selig machen,
Und innig sein wie Kinderlachen
Und wie wir von Wundern leben.

Tuet frohe Liebesgaben
Einer in des anderen Hand,
Tuet ab das Geizgewand,
Und ihr pflücket alles Haben.

Winterstiefel

Ein Scherzo aus dem Vorfrühling

Hat ja nur sich selber an,
Schämt sich nicht, hat Freud daran.

Krauses Haar wie lachend Gold,
Das von tausend Teufeln tollt.

Beide Beine flink und fein
Sinken in zwei Stiefel ein.

Kappen plump und Absatz schwer,
Lachend schleppt es sich daher.

Als ob die Welt nur Leder wär!

Schwarz das Leder, ros' das Bein:
Stiefel, sag, was fällt dir ein?

„Hup, mein Jung, da fliegt er hin:
Will dir zeigen, was ich bin!"

Heisa, wie der Stiefel flog,
Beide Hände klatschen hoch.

Und die Füßlein ganz befreit
Machen die ein Zehengespreit.

Knabe

Hält die Augen in die Welt
Wie zwei schwarze Renner.
Zügelt sie kaum,
Aller Helden Held:
Weit dein Traum,
Reich ohne Raum.

Das Mädchen

Gestern noch ein dürftig Ding,
Das so grau und albern ging,
Nichts an ihm zu sehen –
Und muß heut behutsam sein,
Wie wenn im Mai die Blüten schnein,
  Daß nicht all verwehen.

Wie wenn ich Blüten an mir habe,
Als sei ich eine Gottesgabe –
Ein reines Wunder bin ich ja,
Wie nie ich eins mit Augen sah.
Und muß mich sehr zusammennehmen
  Und schämen.

Warum? Weil ich so blühend bin
Und weil der Wind treibt Blüten hin,
Die nicht am Baum erröten
Und voller Vorsicht sind
Und Unschuld und Erblöden –
  Der dumme Wind!

Abbild

Seele meines Weibes wie zartes Silber bist du.
Zwei flinke Fittiche weißer Möwen
Deine beiden Füße.
Und dir im lieben Blute auf
Steigt ein blauer Hauch
Und sind die Dinge darin
Alle ein Wunder.

Brautseele

Das Gewand meiner Seele zittert im Sturm deiner Liebe,
Wie tief im Hain
Das Herz des Frühlings zittert.
Ja du mein heftiges Herz: wir haben Frühling.
Auf einmal ist nun alles Blühen da.
Meine freudigen Wangen
Sind aufgegangen
Fromm nach deinen Küssen.
Gefährlich bist du, o Frühling,
Und verwirrt
Wie von heftiger Süße
Prangenden Weines
Pocht meine Seele.
Wie er so sonnend mich streichelt
Mit seinen Strahlen allen,
Und schlafen möchte ich
Immerzu.

So träume ich vom eigenen Blute
Und bin so wach
Von mir.
So erschrocken,
Wie man wohl aufhorcht
Im flüsternden Herzen der Nacht.

Wie Sterne, die nicht schlafen können,
So stehen meine Augen,

Und bin doch so müde, müde, so sonderbar müde.
Sind wir Mädchen nicht alle so sonderbar müde
Um diese Zeit?
Das macht, du bist um uns,
Du bist ein Zauberer:
Ja, ja das bist du,
Ein echter, rechter Zauberer.
In Bäume und Menschen zauberst du ein Sehnen
und Dehnen,
Ein müdes verlangendes Gähnen.

Ja, ja, ihr Mädchenherzen,
Der kennt euch,
Vor ihm kann kein Geheimnis bestehen.
Er ist ja Weib,
Weib wie wir
Und eine heimliche, schelmische Stärke.
Frühling sag, was machst du mit uns,
Daß wir alle so sprossend müde sind.
Wir fühlen dich ganz in uns,
Du durchtönst uns,
Tust mit uns ganz das Leben.
Ja wir beben, Leben.
Fromm atmet in uns eine Andacht,
Und wohlig will es werden
Nun überall in der sprossenden Erden.
Wie wir uns regen,
Das ist immer ein leises, süßes Bewegen,
Da ist die Quelle ein rieselnder Spiegel,
Der uns erquickt und uns darreicht,
Da ist der Spiegel eine bleibende Quelle,
Und immer wird uns leise
Süß von uns.
So sind wir wartend,
So zeigt es und
Verrät es uns,
Wie süß wir sind
Für den einen, anderen.

O komm,
Komm zu mir,

Ich bin ja so süß nach dir.
O komm,
Ich bin ja so schön nach dir.
Ich deine Lebendige,
Deine weilende Zier
Vergehe nach dir.
Jeden Tag kommt Alter, kommt Welken:
O komm,
Komm du dem Alter, dem Welken zuvor.

Ein Sehnen geht in allen Blumen
Und will dich holen mit Farben und Duft,
Und alles, was schön ist auf dieser Weltwiese,
Ist aus Sehnen und Liebe schön.

Lieblich schlau
Üben wir Schönheit
So lange vor euch,
Bis daß ihr kommt;
Schüchtern schelmisch
Spielt sich unsere arme, lodernde Seele
Hin vor euch.

Dann! Dann!
Dann kommen zwei lodernde Sonnen in meinen Tag,
Du mein doppelter Tag!
Mit deinen beiden Sonnen.
Du! Du!

Und deine Hand!

Meines Mundes duftende Blüte
Vergeht vor deiner Güte,
Und meine Wangen
Sind aufgegangen
Wie meine Flechten
Vor deiner Rechten.
Ja, du hast recht,
Glätte sie nur,
Du meine wirreglühende Sonne.

Rufe, locke alles heraus
Aus deiner Erde,
Du mein Lenz,
Du hast ja gleich zwei Sonnen,
Und eine braucht man nur
Im Himmel,
Und diese beiden Sonnen
Erzählen sich mir,
Wie du aufgewachsen und wo
Gewachsen für mich,
Wie der heilige Wein Palästinas
In seinem heißen schmelzenden Purpur
Den Heiland mir ansagt,
Sein Seelenfrühlicht,
Sein wärmendes Wandeln.
O wie da alles aufsteht,
Feierlich, rauschend, vorbereitend!

O komm,
Ich bin ja so schön nach dir!
O laß mich weinen,
Tränen der Braut.
Tränen du Böser,
Daß ich so lange warten mußte auf dich.
Das tut so wohl:
Meine Seele badet,
Dann kommt sie zu dir!
Ja?

Brautseele (II)

Das Gewand meiner Seele erzittert im Sturm deiner Liebe,
Wie tief im Hain
Das Herz des Frühlings zittert.
Ja, mein heftiges Herz,
Wir haben Frühling:
Auf einmal ist dann alles Blühen da.

Was schön ist auf dieser Weltwiese,
Ist nur aus Sehnen und Liebe schön,

Und will dich holen mit Farbe und Duft.
O komm, ich bin ja so schön nach dir!
O komm, ich bin ja so süß nach dir!
Ich, deine wartende Zier, deine lebendige,
Vergehe nach dir.

Jeden Tag kommt Alter, kommt Welken,
Komm du dem Alter, dem Welken zuvor!

Brautmorgen

Des Erwachens Knospe schwillt,
Hochrosig tönt sich der regere Schlummer.
Zögernd, selig bang,
Lange, lange.
Weit offen die lauschende Seele.
War es, war es nicht?
Das schreckende Märchen,
So hold und so wild!
Ein leiser Blick stiehlt sich um,
Ja, es ist da
Und sieht doch gar nicht gefährlich aus –
Und wie ruhig es atmen kann!
Als sei nichts,
Aber auch gar nichts passiert.
War das da denn so furchtbar,
So unverschämt – und scheußlich,
So zu sich zwingend –
Und kehrte sich an nichts.
Möglich, daß nur 's Dunkel so drauf wirkt.
Dieses gute schlummernde Kind,
Dieser schlummernde Friede

– –

Und wieder sieht sie starr und steif nach oben,
Wie die Toten ihre Heimat sehen.

– –

Nun wird es sich regen das Kind,
Das Kind mit dem seidenen Schnurrbart.
Etwas müde, selige Sterne
Sind still noch im verwunderten Glück.
Ja, das, das ist die Liebe,
Die lebensinnige, seelenvolle Liebe,
So still, so traulich still,
So mit der vollen Seele angesprengt!
Ja, das andere – früher –
Wie für die Knaben –
Wie mochte man nur?
Nun kann man haben
Die liebe lange Nacht
In inniger Macht
Bezaubernde Gaben,

– – – – – – – – – – – – – – – – – – – –

Die sich nur bieten dem Mann,

– – – – – – – – – – – – – – – – – – – –

Und nach des Dunkels
Stürmender Wildheit –
Leisheit scheu und zart,
Unter der ein Schelm liegt verwahrt.
Ein bedeutsam lautlos sich Stehlen von dannen,
Daß man getrennt
Tummeln sich kann,
Und auf das Reich
Der nächtlichen Wildheit
Gebender Friede sich senke.

– – – – – – – – – – – – – – – – – – – –

Getränkt das erste gierige Dürsten,
Der zueinander Gedrängten
Lebensbeherrschenden Kräfte.
Zerrissen
Der alles gewährenden Nacht
Magnetisches Netz.
Der zweiten Keuschheit
Köstliche Müdigkeit ruht

In dem wieder
Niedergeschwiegenen Blut,
Bis des Lebens innige Anmut
Wieder heiter steigende Kräfte gewinnt.
Und weiter sich spielt
Nach des Lebens lieblicher Weise.

– – – – – – – – – – – – – – – – – – – –

Nun ruhig etwas Stille,
Etwas wie eine leise Feindschaft,
Bis freundlich suchend sich neigt
Liebender Überfluß hin,
Wie sich des Auges labendes Rund
Wendet zu frommem, dürstendem Mund.

– – – – – – – – – – – – – – – – – – – –

So schwellt geruhig hinan
Ihr lange anwogenden
Wellen des Lebens,
Fremden schon anheimgegeben
Treiben weiter die Säfte gemeinsamer Kraft
Innig verbunden
Einem neuen Menschen zu,
Dem Kinde gemeinsamer Liebe.

Jauchzt mit den jungen,
Den seelelebendigen,
Liebenden Leibern,
Jauchzet euch Kinder,
Gespielen zu haben,
Gespielen zu sein
Fröhlich übertollenden Lebens,
Ehe die rottende Horde der Übel
Drückend sich sammelt in alten Körpern.

– – – – – – – – – – – – – – – – – – – –

So nun sammelt euch wieder
An des blumenblau gemusterten Gartentisches
Morgenzartem Imbißbehagen.
Knusprige Brötchen

Sind gar leicht zu mahlen.
Der braune starke Seim der Schokolade
Gibt wieder steigend heißen Mut
Nicht mehr weichenden Augen,
Ruhende Röte erwärmt euer Leben
Schon wieder an,
Das zärtlich dankende Leben,
Das in der Vergangenheit Liebreiz
Wonnen der Zukunft erschaut.
So köstlich erneuert sich Jugend.
Herrscht gewichtig
In wiederverschwiegener Güte,
Kredenzende Hausfrau,
Mit des silberklirrenden Löffels
Blinkendem Zepter!

Kind

Süßer Schwindel schlägt hinüber,
Heiße Blicke gehen über,
Und ein neues Leben rinnt.
Unserer Liebe starke Wonnen
Sammelt ein als starke Sonnen
In die Himmel seiner Augen
Unser Kind.

Seegesicht

Die Küste ruht.
Weites Tritonengetut
Silberne Wunden der Flut
Tobende Augen der Wut.

Krähende Pausbacks auf steigenden Rossen,
Plätschernder Spielen purpurne Flossen,
Neckisch Bedräuen mit Zacken und Spießen,
Kräftig anfassendes Leiberumschließen.

Und sieh, eine Muschel fleischgelb und zart
Von Amorinen flüsternd bewahrt.
Hingegossen ruhende Linien,
Grüßender rauschender Palmen und Pinien.
Angeblühte rosige Brüste.
Lächelnde sonnengestreifte Küste.

Fürder kein Dräuen mit Zacken und Spießen
Müd hinlallendes Leiberumschließen.
Nickende Pausbacks auf schlürfenden Rossen. –
Grünhinflüsternde, finstere Flossen.

Erloschene Wunden der Flut,
Fernes Tritonengetut
Stierende Augen der Wut.
Die Küste ruht.

Schaumgeboren

Flocken
Und Locken
Korallen
Und Lallen,
Spritzendes Tuscheln
In errötende Muscheln,
Rosenschein
Tief in die wogende Wiege hinein.
Und das Meer ganz von Sinnen
Weiß nicht, was vor lauter Jauchzen beginnen.
„Ich bin da, ich bin da!"
Bittende Wellen
Langen und schwellen:
„Ich bin da, ich bin da!"

Wellenspiel

Heiteres Leuchten im braunen Gesicht,
Wählig der Himmel hinrollendes Licht
Prächtige Bläue so unten, so oben
Singender Jubel, freudiges Toben.

Greifende Arme ins tolle Gemisch
Kinder mit Flossen, zappelnder Fisch,
Fassen und fliehen, krähen und haschen,
Taumeln und tauchen, spritzen und waschen.

Siehe der Väter verwunderlich Treiben
Wissen vor Freude nirgends zu bleiben,
Greifende Arme ins tolle Gemisch
Fassen die Kinder, fassen den Fisch.

Schauen ihr lachendes Weltwunder an,
Ja, so ein Vater, das ist euch ein Mann.
In seinem Kinde ist noch mal sein Leben,
Kann sich nun selber ja schwingen und heben.

Wie eine Sonne, die selber sich scheint,
Einmal rosig, das andere gebräunt
Wirft an das Licht sein fliegendes Wunder,
Das an der Brust hält glattzackigen Flunder.

Auf grünem Gestein rotflossige Hand
Goldüberrollt ins verschwimmende Land
Schauen zwei Augen,
Sterne stiller Freude
Ins verschwindende Weite.

Lustige Väter, junge berauscht
Schleudern mit Flossen ausspannender Hand
Schuppenumglitzerte Kinder krähend an Land –
Mutter lauscht.
So ist es, daß die Erden
Von allem Wachsen schöner werden.

Der neue Faun

Lau leuchtet die Größe des Himmels hernieder,
In weichem Lichte glänzen die Glieder.
Nur ist es verboten, sie anzuschauen:
Mit männlichem Auge die badenden Frauen.

Kein knisterndes Schilf, kein kicherndes Lachen,
Die Augen der Badewärter wachen.
Da hab ich nun mein Fernglas genommen
Und habe von ferne die Dünen erklommen.

Wie Kandidaten der Venus mit wallenden
Mänteln kommen an sie gegangen:
Ein Musenchor mit glatten abfallenden
Weißscheinenden Mänteln kommt es gegangen.
Ein Musenchor: wie große Vögel flatternd fallenden.

Vorfrühling

Weltanfassende, fröhliche Dummheit,
Sprießendes Singen seimigen Grases,
Wohligschelmisch Gewölk.
Weicher Schalmeientöne,
Sinniges Grübchen.
Am markig umwundenen Knie,
Ziehets spielend hin:
Fromm in Sonne,
Atmende Auen.

Reime und Maße,
Tabulator der Stände
Gezählt am peinlich
Gekrümmten Finger –
Das ist vorüber.
Blöde zwinkernd
Putzt die stechenden Brillengläser
Heisere Gescheitheit.
Melodische Seele der Welt,

Frühling, Schalmei,
Spiele, spiele uns alle hin
In alles Schönheit tanzendes Leben.
In das muntere Gesetz
Alle Sterne strahlenden
Liebenden Reigens.

Warum kommen nur die Menschen nicht,
Wollen sie nicht?
Und *zwingen* zum Tanz? . . .
Nun –
Und die spatzschreienden Hecken
Und die paarenden Tiere sagen:
Die Welt geht weiter.
Auf vermoderter Triebe Rost
Immer wieder nachquillend
Tauender Teufel bereuender Frost.

Auf der grünen weiteblauen
Himmelswiese
Dauern hin, spielend versonnen,
Weltverlorne Lichtungen,
Locken rötlich träumende Kindesköpfe.
Gelbes rotes strotzendes Feuer
Roter Blumen.
Blitzelt auf bräunlichen Ständern
Suchend wach . . .
Entgilbender Himmel –
Ist es nicht wärmer schon oben?
Da Gott Vater erst
Und erste Welt;
War das nicht so wie himmlische
Weltanfassende Dummheit.

Tastende Tage

Die Äste in Flammen, die Wipfel entlaubt
Am Kreuze das friedenumsprühete Haupt.

Ein Sehnen und Dehnen, wie Mädchen es haben,
Renettenrot in die Lüfte gegraben.

Ein streckendes Zittern, ein schwellendes Glühen,
Des scheinenden Baumes Adern erblühen.

In gereiztem Scheine Feier-Weh,
Flammt Ziegelglut auf Erdenschnee.

Die versteinerte Glut, ein Liebesgedicht,
Fällt rosig warm auf der Kälte Gesicht.

Einsamkeit der Einsamkeiten,
Welt und ich: wir beide schreiten.

Haltende Hände leise schweben
Zu der Sonne goldenem Geben.

Im schmelzenden Schnee was heimlich geht,
Ob schon der Frühling im Felde steht?

Apostelhäupter im Abendscheine:
Der Kartenspieler trübe Gemeinde.

Die Äste entflammen, die Wipfel entlaubt
Am Kreuze das friedenumsprühete Haupt.

Mailieder

1. *Maienwind*

Mutwillige Mädchenwünsche
Haben Flieder
Niedergebogen,
Blauen und weißen.

Wie Tauben sind sie weitergeflogen,
Mit Wangen, wilden und heißen.
Hoch in warmen, schelmischen Händen
Haschender Sonne
Geschwungene Strahlen.
Hellbehende Wonne
Weißer Kleider
Weht.

Mutwillige Mädchenwünsche
Haben sich Flieder
Niedergebogen,
Blauen und weißen –
Sind weitergezogen . . .

2. *Garten*

Sieh mal, Hold, da unser Garten
Kann Liebseelchen nicht erwarten.
Kuck, die wilden Blüten fliegen
Dir ans Knie,
Ans fein behende,
Nehmen lächelnd,
Leuchtend wie die Wolke oben,
Dich bei Händen.

Wollen dir im Haare liegen,
Tief ins goldne Nest.
  Hasche sie!
  Halt sie fest!

3. *Selige Grüße*

Bläulicher Flieder.
Ist das ein Grüßen!
Wirbelnde Lieder
Wehen herüber –
Stürben lieber.
Seligsein – und das heißt büßen.

4. *Glück*

Das ist dir gar ein glücklicher Mann,
Der nicht mal mehr sich freuen kann,
So glücklich ist er.
So kommen jeden Morgen wir her,
So kommen uns alle Tage daher.

Lichtregen

Leuchtende Tropfen:
Leid,
In das ein Lied
Verklärend sieht.

Der Sonne Geburtstag (Bei Goslar)

Die Schieferdächer zottig und breit,
Noch wacht kein einzig Haus,
Zartklare Gegend und Einsamkeit,
Da jubelt ein Vöglein sich aus.

Die Sonne zu grüßen, so steigt es hinan
In reiner und reineres Blau,
Bis man es nicht mehr sehen kann,
Nun jubelt die Himmelsau.

Die Schieferdächer zottig und lang,
Schroff ragt ein Berg einher,
Die Mondsichel zart und morgenbang,
Da Wolkenfleisch, blühend und schwer.

Die Lerche hat die Sonne gesehn
Und sinkt nun wieder zu Tal,
Das hören die Morgenwinde und wehn,
Froh glühen die Wölklein zumal.

Kirschbäume stehn und richten sich aus
Und schauen stumm sich um,
Wie Kinder stehn mit Spruch und Strauß
So köstlich blöd und dumm.

Siehe, da blitzt es freudig erhellt,
Da hebt es sich und steigt,
Das liebeleuchtende Antlitz der Welt,
Und unsre Seele schweigt.

Hagel

Schwer Verheeren
Wirft der Himmel,
Eingefrorener Zähren
Eisiges Gewimmel.

Der schlafende Blitz

Ganz durchzottet
Die heiße lungernde Luft:
Brünstiges Moos.
Und in ihrem Schoß
Da schläft ein bleicher Blitz:
Das kühlende Schwert
In der Scheide des Rächers
O wärest du nieder,
Du bleicher röchelnder Blitz –
Dann wärs vorbei!
Der Odem der Natur
Ginge wieder frei!

Abendröte

Sieh da droben die Rosen! Ein glüher Jubel
Die Wangen der Nacht
In Scharlach und Purpurpracht.

Nun ist da droben Hochzeit:
Die Königskinder des Himmelreiches.

Strenge Augen erster Schönheit,
Frieden frierend,
Wie vor kämpfend heißen Rosen
Wunden an den schweren Schmuck goldspielender Brokate
Des Samtes tiefenweiches Blut,
Gebettet in des Schnees nachtgeflammte,
Flockenzarte Wärme: den hehren Hermelin.

Die Kränze nehmen sie von herben Scheiteln ab
Und heben Bechertau an ihres Lebens
Rötlich reine Kelche,
Und verwunden
Die Verklärung
Saftigherber Früchte.

Des strengen Lagers scheue Falten warten ...

Wie entsetzlich ist Schönheit! ...

Wie eine Siegesfahne hält
Der Himmel
Des Lebens leuchtendrote Brunst mit aller seiner Adler-
macht.
Der Sieger sinkt.
Die Nacht fällt in den Wein.

Nacht

Dunkel
Vor Gefunkel.
Ihr loses Haar.
So müde
So Friede
Und wunder-, wunderklar.

Regentropfen

Regentropfen warm und groß
Machen aus der Nacht sich los,
Regentropfen warm und groß.

Da die Nacht steht ganz in Glanz,
Einen Augenblick da stands,
Ein Geisterantlitz, da entschwands.

Da, ein Blitz hat Licht gemacht,
Ganz in Glanz da stand die Nacht,
Da, ein Blitz hat Licht gemacht.

Helle wird im Lied das Leid,
Leuchtet auf wie ein Geschmeid,
Leuchtend wird im Lied das Leid.

Und da steht es in der Nacht,
Still in seiner Geisterpracht
Steht sein Antlitz in der Nacht.

Liedertropfen warm und groß
Lösen aus dem Leid sich los,
Liedertropfen warm und groß.

Wein

Du mein Wein, Adelsblut der Natur,
Nicht wahr, du lebst,
  Du fließendes Juwel?
Wenn du dich im Lenz erhebst
Und an die Fässer pochst,
Willst du hinaus,
  Unband du,
Hinaus zu den Deinen,
Die da blühen und innig duften
Auf sanfterlesenen Hängen um braunes Gemäuer.
Wie's da rüttelt dein Feuer,
  Dein Leben!
Wieviel Geschlechter hast du schon selig gemacht:
Männer mit reinheitstarrenden Ehrenkrausen
Auf rankendem, schwarzdamastenem Taft,
Du glutetest ihnen die kühnen, hellen Augen,
Die weit die Lande umfassen
Und folgen den palmenzuwinkenden Schiffen,
  Wagemutigen Meeresboten,
Die den gedankenglutenden Westen,
Den süßentzündeten Süden
  Mit stählernem Norden
  Tauschen wollen.
Du nährst die schwimmende Träne des Mannes,
Der allüberwindenden Stärke,
Die Träne, die nur Sieger fühlen . . .
Und an die klar gestaltete Glut
Deiner rebkrausen Ratskellerfenster,
  Die tief in die Seele
  Scheinen festliche Andacht,

Schlug das welterobernde Lachen
All dieser sieghaft heitern Geschlechter.
  Du aber throntest
  Hoch auf mächtigem Rund
Deines flüssigen Reiches:
Eine bübisch lächelnde, schelmische Sonne.

Ein Stück Düsseldorf

Städtedichtung

Zu Düsseldorf am Rheine,
Jan Willem sitzt zu Pferd,
Wo bitterschön der Heine
Den Hippogryphen seine
Wildhufend graziosen
Gambaden meisternd lehrt.

Heines Geburtshaus

Ein leichtsinnkrankes Höfchen,
Ein Bäumlein und ein Hahn,
Das Häuslein da ein Zöfchen,
Hektisch Champagnerschäfchen –
Das Bäumlein will nicht wachsen,
Dir Hahn kein Morgen nahn.

Kneipe

Zu Düsseldorf am Rheine,
Da musiziert ein Haus,
Wie wirft es seine Scheine
So spät und ganz alleine
Hin über weiche Fluten
Und in die Nacht hinaus.

Und in dem alten Hause
Ein Trio findest du,
Trepphoch die Bauernklause:
Das Auge bohrt das grause –
Das ist allein das Eine –
Die Geig geht immerzu.

Ein jammerstumm Gequäle,
Von allen Lastern krank
Hintastend Blickgeschwehle
Ein Ächzen in der Seele –
Gesund nur ist die Fiedel,
Und Hölle schlürft den Trank.

Ein Barde da der zweite,
Die Feder am Barett,
Tritt hin zu seiner Seite,
Sein Wams spannt in die Weite:
Ein deutscher Strom sein Singen,
Ein Strom nur etwas fett.

Sonst recht ein Minnesänger
Aus bunter Ritterzeit,
So recht ein Herzbedränger,
Ein Güldendankempfänger
In blauen Lockenprächten –
So frank, so frei, so weit.

Des Sinnes frohe Freite
Das blaue Auge warm,
Und ist ein Hochgeschreite,
Viel kühne Nackenbreite,
Die Glieder Mannesblüte,
Leicht, gut und ohne Harm.

Und neben Mährens Sohne
Am kleinen Tisch zu dritt,
Der trägt die Bürgerkrone,
Von Leichtsinn keine Bohne,
Der pustet Klarinette,
Trinkt dann gemessen mit.

Schwarz Buckel mit Manschetten
Setzt zu den Gästen sich,
Goldköpfig hochadretten,
In Themis Wagenwetten,
Als Advokat verschlagen,
Hochhausbesitzerlich.

Agrarierzähren flossen
Als wie ein goldner Bach,
Noch eilig hingegossen,
Um zweie wird geschlossen,
Die Kellner gehn und räumen,
Man fährt aus jähen Träumen –

Jach empor.

Tamerlan

Unwirtlich
Leben soll kommen.
Munter will ich es haben,
Munter von zuckenden Toden,
Denn das nur ist echt.
Reiche will ich zusammen mir reißen,
Wie einer, der friert,
Um sich versammelt die Decken.
Meinen kleinen häßlichen
Braunen Körper,
Den will ich verstecken
Unter tausend großblumigen Decken.
Die Blumen sind rot,
Die großen Blumen
Vom Blute der Männer.

Salome

Meines Blutes böser Reigen,
Mordend, flehend:
Sollst dich einem König zeigen –
Mordend, flehend.

Sollst umschlingen,
Und umzwingen
Dir ein Haupt,
Schwer von strengem Haar umlaubt.

Dieses Haupt hat sterben müssen,
Nun kann meine Inbrunst küssen
Hassend heute, morgen klagend,
Drohend es im Herzen tragend.

Meines Blutes böser Reigen,
Mordend, flehend . . .

Vagantenweihe

Zugvögel ziehn in grauem Ernst,
Da stehst du Walter nun und lernst,
O vanitatum vanitas.
Die Jahre welken 's greise Haupt.
Fast steht der Hain schon blattberaubt –
Wie kalt des Regens dünnes Naß!

Und doch Kopf oben! unverzagt,
Der Jugend Rosen unbenagt,
Trotz vanitatum vanitas.
Sie regen sich voll dunklem Duft
In ewig blauer Feierluft:
Der tiefe rote Kuß macht das.

Ich hab viel Marterbilder hier,
Sind gar geringe Kirchenzier!
Und voll von Pein und vanitas.
So mager, leer und tintenvoll,
Der Saal, darin Latein erscholl,
Ein Männlein da, das Leder ganz.

Die Sonne leuchtet treu und warm,
Da leuchtet Lieb mir schon im Arm,
O iuventutis sanitas.
Die wieder weichen Lippen los
Wie Elfenbein, die Hand im Schoß;
Von blauem Glanz die Augen naß.

Und dann ein Blick aus warmem Lid,
Der wieder tief ins Traumland flieht,
Der vanitatum vanitas.
Des Odems Duft durchgraust mein Mark,
Das weiht den Mann, das macht ihn stark,
Ja bis zum Gotte hebt ihn das.

Und meidet mich die Klerisei,
Weil meinen Wirbel floh die Weih –
Nur vanitatum vanitas.
Das ist ja nur der pure Neid,
Der hüllt sich dann in Kreuz und Leid
Und donnert los im Lügenbaß.

Das Altarbild gar lieb und hold,
Erhellt von zartem Lichtergold,
Das, Himmel, ist nicht vanitas.
Das ist ein Tag, der ewig steht,
Mir niemals aus dem Sinne geht,
Ein Tag im Wald im weichen Gras.

Das alles war so ernst, so tief,
Wie sie so himmlisch lag und schlief,
Trotz vanitatum vanitas.
Und Blumen frisch und Amselschlag,
Der weihen Ruh ich denken mag,
Des weichen Golds im grünen Gras.

Ein Ruf, von wo, der sich verlor,
Da fährt sie scheu vom Grund empor:
Dein Schrecken, Kind, ist vanitas.
Die Locken fahren wild herum,
O Gott im Himmel, war das dumm –
Ich nenne meine Weihe das.

Mein Kreuz

An meinen Werken bin ich aufgenagelt,
Ich bin so tot, wie sie lebendig sind.
Mein Blut ist all in sie hineingeflossen.
Zerwühltes Himmellager. Schwefelwerk
Baut heiß und gleißend, schwer und schwarz sich auf.
Ich bin so tot, wie sie lebendig sind
Und fühle hinter meinem Haupte rascheln
Wie welken Kranz den Saft, der mir entstieg.
Der mich verließ
                                        der treulos floß hinüber.
Wie eine Schmähschrift
Zischelt sichs ins Ohr mir:
Ich bin so hoch, wie die da niedrig sind.
Und bin so ganz verkehrt an jedem Sein,
Ein Spielzeug strenger Himmel, das zerbrochen
Von Anbeginn.
                                        Und mürrisch läßt
Es mich im Winkel – und schwingen blühend
Hin hohe Reigen. Frageliebesblick
Munterer Weltenmädchen
Plaudert.
Und wie ich niederschaue totverloren,
Da wiehert auf das Kaffeehaus und reicht
Aus spitzem Keil, dem tintengiftumgrünten –
Aasfliegen strotzen so im Schillerpanzer –
Mir einen Wisch mit Lauge.
                                        Von Doktor So und so.
                                            Und Jüngerfrauen,
Die stehn gar mildiglich verwundert, unverwandt
Zu mir empor zu schauen.
                                        Dann ruft der Topf sie
„Leben Sie recht wohl, Herr Hille!"

Aus den Liedern des betrunkenen Schuhus (Im Kirchturm)

I.

Was die Gelehrten reden, ist nur Kohl,
Denn eine taube Nuß ist ihr Symbol,
Wie diese ist ihr Schädel hohl,
Der Schweine Leder ihr Idol –
Der Weise weihet sich dem Alkohol.

Bim, bim, bim, bim,
Bin bös, bin schlimm,
Kommen gelaufen und ärgern einen.
Immer sind sie auf den Beinen,
Mags nun regnen, mag die Sonne scheinen,
Und ist ein Gegröle, ein Weihrauchgestänker,
Hol sie der Henker!

Sonst ist alle Zeit
Hier oben Einsamkeit,
Denn der früher hier heraufgekrochen,
Hat den Hals gebrochen.
Wie ich im Nu – kiwitt, kiwitt,
Geh mit, geh mit –
Den letzten Rum gestohlen,
War er noch da, sich Schnaps zu holen.

Gluck, gluck –
Dann tat es puck!
Im Turmgebälk und Branntewein,
Da muß man schon ein Schuhu sein.

Nachts lassen sie mich hier in Ruh,
Und wenn sie dann die Klöppel schwingen,
Die dröhnenden Dinger wie Donner singen,
Da seh ich zu
Und schlürf in langen Zügen

Aus allen meinen Krügen
Kognak, Korn und Aquavit
Und habe mein Vergnügen.
Wenn wohle Glut die Nacht bezieht,
Das ist mir mehr wie Morgenrot,
Und morgen sind viel Häuser tot.
Grgsgi,
Der Teufel hole sie!
Dreck! Komm, Karlineken, komm,
Mach mich fromm,
Daß ich in den Himmel komm!

II.

Des Urwalds Riesen splittern
In Nacht durchflammenden Gewittern.
Es heult sie Knäul von dem Wirt geschoben,
Auf stillen Straßen mit wilden Messern toben;
Dann bin ich in meinem Element,
In meinen Augen einsam brennt
Das Menschen hassende Temperament
Melancholie.
Das düstere Gestirn Genie
Flammt
Verdammt
In meinen zwei Pupillen.
Donner groß und hoch der wilde Willen.

Krol Duch

So ein Menschensinn,
Ihr wißt ja nicht,
Wie groß der ist,
Wie gewaltig und fest!
Weilend und eilend
Ein Proteus.
Überallhin, überallhin

Reichen reine Kräfte,
Die sich der Triebe begeben.
In zarten Farben
Atmet der Geist ein seliges Leben,
Bange vor Fülle.
Alles ist von Blumen zu,
Wo gibt es ein Ende?
Über alles rieselst du hin,
Göttlicher Geist,
Und schaust dein selber
Beschwichtigtes Schicksal,
Und freust dich,
Eines gewaltigen Vaters der Dinge,
Der nirgends wohnt,
Um so glutender naht seine Kraft
Den wachsenden Söhnen,
In ihnen wächst er drängend
Über die Erden.
Neu sie erschaffend,
Unverlassen.
Anders gestaltet,
Kann er die Welten
Und ihr buntes leuchtendes Leben
Ruhend aus sich tun.
Sein Sein schon ist Leben.
Farbige Weihe,
Ungeheure Angesichter
Her zu mir gestellt
Aus der Unendlichkeit,
Und starke deutliche Hände
Mit festen brüchigen Daumennägeln,
Knoten an den Gelenken
Und blauen täglichen Ärmeln,
Oder ziegelroten
Und breiten, weißen, lässigen Aufschlag,
Die kommen mir aus dem klaren,
Dem Blicke weichenden Himmelsgewölbe.
Ein Wortbauer,
Gestalten sinnend,
Gesetze gewinnend
Von hüben

Und drüben,
Zuwartend,
Rein mich putzend
Und liebend, liebend.
Die brennende Sehnsucht
Zum weiteren
Leben und Tod
Und Sterne
Und Sonnenbahnen
Aus meinem helleren,
Tieferen Geiste zu lesen,
Sie wird gestillt nach Gesetzen
Zur Zeit.

Kosmos. Ein Elementarlied

So leichthin lächelnd – Gesetz darin.
Und es ist eine Welt geronnen.
Den Göttern ist eine Welt gelungen,
Wie mir die meine.
Und ihre Qual,
Denn die haben sie.
Qualen tragen die Schönheit.
Ungeheuer.
Und schaffe nicht auch ich?
Dein blühendes Schicksal.
Dein blauer, tauender Frieden-Himmel lächelt
Schmerzlich geschlossen,
Und peitscht mich wieder hinweg von mir.
Und all meine Lieder trinken bitteres Wasser.
Ruhlos peitschenden Mißklang.
Und röten gereizt üppige Gewitterblumen
Zu hohen Ahnungen auf.
Ihrer Kelche verwegen schwellenden Purpur:
Tief in die Brust.
Brennt nicht ihr böses Feuer
Das böse Feuer des schwarzen Gewerbes,
Und ich finde nicht Ruh
In allen den wandernden Wogen

Des auseinander-
Geratenen Meeres.
Und es wälzt mich meine lechzende Seele,
Wie der heiße Leib der Höhe
Rötlich ruhlos
Welkt zusammen die wuchtenden Wälder
Grell aufschreienden Gestades.

Meine Erde

So ein verliebter Tor verpufft.
(Goethe, Faust)

Meine Hände flammen nach dir

Sieh, wie die Sonne streichelt
Die lieben Bäcklein,
Die schämig tiefer erglühenden Bäcklein
Liebfrommer Erde.

Wie so im Wundergrausenden
Dampfe des Lebens
Sinnen hoch . . . träumerisch . . . zwei Seelen der Seele.

Du Goldkerl du,
Du Prachtlump du,
Du dumme, dumme Erde,
Racker du!

Und Kuß auf Kuß, hungrig trinkend,
Rafft empor sie
Vom tiefabhangenden Haar
An das goldkräftig hingerissene,
Torheit strahlende
Antlitz der Liebe.

Die Menschen nennen das
In ihrer Seelen Schläfrigkeit
Dann gemächlich einen schönen Tag
Und stopfen dazu die lange Piepe
Mit Pastorentabak.
Was wissen die von unserer Liebe!

Es lächelt tief in den grämlichen Falten
Mühender Erde.

Meines Traumes jähe Frische
Lacht hell auf meinem Schlaf
Und hat . . . was an der Hand –
Dich!

1. Boden

Siehe ich bin eine traurige Erde,
Größemüde sinnende Landschaft,
Tuend ruhende Schwere!
Wie von Werken
Trauriger Wein.
So verlorenes Stärken:
Was?
Schwarze Vögel,
Wie ein Trauerband gezogen
Um leisblaue zarte Schultern
Sehnenden Himmels,
Mit so nahen spähenden Augen,
Die was Schnelles sagen,
Kommt mir geflogen,
Die fragend, kündend.
Fichtenzweige sind getüpfelt.
Wie taubes Gold in welker Hand,
Das bietend keinen Nehmer fand.
Flog mal an geschecktes Licht,
Ein verstecktes Kindsgesicht,
Flog mal an.
Ist wo verhalten Lieb in linder Luft
Listigen Taumels wonniges Leben,
Flüsterndes Sprühen
Verstohlen hinüber –.

2. Weltschwellendes Lied

Über grüßende Klüfte und Büsche zieht
Und junge Vögel wiegende Wipfel
Zwei gelbe Falter . . .
Ein Haschen, ein Fühlen,
Vorüber . . .
Das währt, das währt.

Seliger Flug,
Hier in den Himmel
Die beiden es trug:
Mit vier Blättern
Zwei Blumen.

Was so schwer in der Erde,
So ganz schwer –
Aller Frühling schweigt
Und singt sein leuchtend schwellendes Reifen.
Allmenschen.

Braunes Mühen,
Perlen des Fleißes,
Rosen auf greifenden Knäufen.
Bilder rohrleichter Hütten.
Hurtige Schultern des plaudernd
Kindlich treibenden Wichtes
Tragen über das Tal zu anderem Hofe
Ziegen und Frucht –
Grüne Weiten.
Ziegenerstiegene.

Schmerzen wühlen
Schmerzen, seliges Sichlegen ins Grab –
In Erde all:
Schwanken der Seele zur Höhe –

Die Lüfte sind müde
Schwer vom Fremden,
Vögel darin,
Schwarze Vögel mit harten, bohrenden Seelen
Dunkelrunden Augen,
Blankem bereitem Schnabel.
Schwarzer Scharen fliegendes Fragen,
Zusammenrufen
Dunkelbeutefroher Ruf.

3. *Auf Mutterschoß*

Betende Hände,
Gottbetroffene Jungfrau,
Flattern und Beben,
Heiliges Lallen:

Mein Werk ist träg in der verdürstenden Geister
Verdürstetem Greifen.
Dunkelruhen!
Gebären. Arbeit,
Bang, groß,
Seelen in hastender Arbeit.
Alle halten zusammen und – haben nichts.

Qualen die furchtbar sind.
Unerhörte Worte
Unerhörte Dinge.
Und es sollen Frühlinge sein,
Und – Trauer ist Jubel.
Ein Brausen in lichtentschmetterndem Ringe.
Und fern, wie sehr,
An goldbraunen, reifen, jubelnd roten, blühenden Wangen.
Starkes Gekicher.
Tänze, gell wie Sonnenlohen.
Tamburin, wirbelnd
Wie goldumzügelte
Blumen der Sonne.

Schlummre, Frühling,
Im Dunkel einer Trauer,
Und wie ein Kind
Sprießt du immerzu
Violette Blumen des ersehnten Herbstes
In vergessen geschlossener Hand.

Waldstimme

Wie deine grüngoldenen Augen funkeln,
Wald, du moosiger Träumer,
Wie so versonnen deine Gedanken dunkeln,
Saftstrotzender Tagesversäumer,
Einsiedel, schwer von Leben!

Über der Wipfel Hin- und Wiederschweben:
Wie's Atem holt
                        und näher kommt
                                            und braust,
Und weiter zieht
                        und stille wird
                                        und saust!

Über der Wipfel Hin- und Wiederschweben,
Hochoben steht ein ernster Ton,

Dem lauschten tausend Jahre schon
Und werden tausend Jahre lauschen.
Und immer dieses starke, donnerdunkle Rauschen.

Wachstum

Ich will nun innerer Herrscher werden.
Mag Inneres mich als Sklave schlau umschleichen.
Es stockt der Schritt, so nur sich etwas regt.
Da draußen, wo nicht reicht das Sein.
Also weiter wachsen!
Habens gut die Pflanzen!
Weh und quälend wächst, was ein Mensch ist,
                in sich hinein.
Immer mehr hinein. Nicht hinaus wie die Pflanzen.
Wie eine Traumeswand mit Händen unserer Seele
                wir schieben. –
Aus grellem, fürchterlichem Urgebilde.
Da sollen wir denn hausen, in rundgegossenem Kerker.
Eingekerkert.

Und nun freie klare Luft der großen Wirklichkeit.
O Traum, du furchtbar naher Nachbar.
Und wild, ganz anderer.
Und was werden dann für andere kommen. –
O Welt, bist du furchtbar:
Denn du hast einen Sinn.
Und den erfüllst du und marterst uns zu
deinem Leben.
Und darum Geschlechtsfeste, denen Fleisch wächst.
So, nun, ihr schweren, scheuen Kymren Schöße,
Sollt ihr euch schwingen wie üppig bleiche Sterne,
Wie Anemonenseelen.
Äolsharfenglutend.
Maskenzug.
Cider.
Wollt ihr Cider dazu trinken?
Ernst berauscht sollt ihr Kinder wollen,
Nichtsverhohlen, verstohlen, insgeheim.
Nein, Kinder des Volkes. –
Zugewollt; wie einen Becher euch dem Vaterlande
zugetragen.
Der heilige Gral.
Und wollt ihr nicht?
Wollt ihr nicht die Wonneströme durch eures
Lebens Ströme fließen lassen, so lebt euch geistig,
Frei und geistig aneinander hoch.
Und fallt ihr:
Nicht gar so schlimm,
So fallt auf Blumen ihr und Kräuter hin.
Und eine Nachtigall fliegt weg.
Und sprengt ein paar Wipfel weiter ihr Liederherz.
Des Dichters weihefarbne Sehnsucht
Sind die Erfüllung der Völker, das Lied der Welt.

Brennende Einsamkeit

Brennende Einsamkeit
Schreit,
Gestalten kommen hervor, wo Völker modern,
Winkend die Fackeln der Himmel lodern,
Und da ich noch suche die Weite,
So schmiegt es sich mir an die Seite
Und lacht mir so nah mit lebendigen Sternen,
Wie du sie nicht fandest in müdesten Fernen.

Unter Buchen

Tiefgrüner Schlummer schaukelt;
Frische, flüsternde Nacht!
Von schattenscheinenden Zweigen
Unter den Tag gebracht.
Das dünne Wandeln und Tauschen!
Der Wipfel Rauschen,
Die grünlichen Spiele!
Ein stärkerer Schatten,
Als ob es tief in mein zitterndes Leben fiele;
So wacker, so leicht dafür,
So neu ein Lebensgesicht sich zeigt;
Spielend wehen die Zweige sacht,
Plaudert ihr Wisser mich leicht;
Ich habe wohl sonst so schwer gedacht,
Nun tuts mich an,
Wie ändernd in weichende Stille
  ein Weltkönnender steigt,
Und hinter den welligen, weiteren Schritten
  der Bäume
Ists noch wie gehend;
Nun leicht, einen Erzähler bequem einflehend;
Zur Stelle in Stille – – so stille;
Wie hört ich mich fallen,
Wie würd ich mehr Hille!

II
Prosa

„Ein großer Lump schreitet durch die Himmel."

Das Recht der Kindheit (Ein Mahnwort)

Die Kindheit soll aus eigenem Rechte dasein. Nicht bloß geduldet.
Sie soll nicht von den Begriffen vergewaltigt werden, den greisen Begriffen.
Neid macht Vorschriften.
Schwäche, die nicht mehr genießen kann, verbietet.
Die Kindheit ist ein Kundschafter, den die ratlose Menschheit voraufsendet, um einen sicheren Lebensgrund zu erspähen. So müssen wir sie sich selbst überlassen, ihrem Lebensinstinkt, der von Verrohung und haltungsloser Alberei wohl zu unterscheiden ist. Wie die Brieftauben müssen wir die Kinder auffliegen lassen.
Ist nicht in ihrem Spiel und ihrer Munterkeit, in ihrer ahnend, tiefen Lebensvermutung, in ihrem lebenswarmen, frischen Irrtum, der die Dinge so viel besser trifft, wie manche trockne Wahrheit, ist erst da einmal das Leben auf Erden recht eingezogen, da wird es nicht mehr so kraus aussehen auf Erden, da wird nicht mehr so viel gestochen werden, da bricht niemand mehr vor seiner Zeit zusammen, da wirds nicht mehr so frech und so vergrämt aussehen darauf, so ergrimmt und so leidend.
Wir haben das Leben noch nicht so recht in die Hand bekommen, deshalb fassen wir es so ungeschickt, sind wir so unglücklich, so unruhig, so friedlos und ungebärdig.
So haben wir armen, vom Leben vernachlässigten Erwachsenen, so haben wir also gar kein Amt bei den Kindern? Können die alles bessern?
Nicht doch: die Beobachtung, die übersichtliche Beobachtung dieser schönen, taufrischen Welt ist unser Vorzug, der bewußten Erwachsenen.
Das Kind stürmt dahin, fröhlich unbewußt.
Nur nicht Erziehung im alten Sinne, die eigentlich Verziehung ist, Verzerrung sogar.
Nur beileibe keine Änderung, keine Vorschrift!
Entdecken wir das Kind!
Die größte Entdeckung, die noch aussteht, ist ein wahres Kinderspiel. Sie erfordert keine unerhörte Kühnheit, nicht den heroischen Vorsatz, mit allen Gefahren und Entbehrungen es aufzunehmen: sie ist keine Nordpolfahrt.

Gewitter auf dem Meere

Es ist so ein eigener Schein, so ein grün feiner innerer Ton wie eine Wiese, von der niemand weiß, wo sie herkommt und mit ihrem Wachstum leuchtet dann mitten auf den Wellen, wo sie sich wie ein Hügel erheben.
Höher und höher sich dehnen.
Und da am Strand zu meinen Füßen wie Ackerkrumen ist das, wie Ackerkrumen mit ihren schwarzen, fruchtschwellenden Kämmen, die sich vornüber zur Seite legen.
Wie üppige Wünsche, ungeheuer und lüstern wölbt sich das blaue Gewölk zu wilden Hallen dröhnend zuckender Leidenschaften. Bleiches Grauen in dünnen Streifen zieht darüber, ein ohnmächtiges Gewissen, das Furcht hat.

Wassermann

Ich mag schon an tausend Jahre hier unten sein, nach Menschenkinder Maß seit jenem glücklichen Sturme damals. Das nenne ich noch Leben? Lust und Schönheit ist so kühl und frisch. Wie eigen scheint das Korallenzweiggeäder der gleitenden Leiber, flutet das bunte Haar, wie Orangeneis munden die duftenden Küsse. Sterben? Altern? Hat jemand schon eine greise Welle gesehen? Geist, Unterhaltung?
Hört euch nur mal den Schwertfisch an! Wenn euch da nicht das Herz im Leibe lacht vor seiner göttlichen Bosheit, doch ich vergaß: Das Echte erschreckt euch, ihr künstlichen Söhne der Natur! Eure Entwicklung ist Verwicklung.
Und der Haifisch?
Seegeruch sucht ihr? Da bedient euch der Hering, daß euch die Augen übergehen und ihr niesen müßt trotz Björnson und Lie.

Abendrot

Wie resch ist es, so raschelnd durch die seidene Brandung domschlanker Buchenwaldung zu schreiten! Jungen Burschen gleich, ihre Hüte schwingend, steigen die jungen Buchen mit hinan. Zart und voll, wölbt der rötlichbraune Hang sich hin.

Wie sich die Lunge in vollen Zügen erquickt an der köstlichen Luft! So, nun wie ein Fuß des Eroberers auf Feindesnacken, zieht mein rechtes Knie den letzten Schritt hinauf.

Da liegt vor mir Pyrmont, der freundlichzierliche Badeort. Links das lange, einer kahlen Höhe zustrebende Holzhausen mit seinen warmroten Dächern. Rechts Desdorf mit seiner fast tausendjährigen, schwerverwitterten Kirche, das wie ein spielender Knabe den vorzüglich gewachsenen, an den angelegten Nacken einer Römerin erinnernde, krausgrünen Waldkegeln zuläuft, die hier wie gewandte Gesellschaftsroben gruppenschön zusammenstehn.

Im Hintergrunde lippisch-hannöversche Waldnacken. Die Kuppeln einzeln, bedeutsam selbstruhig. Die hannoverschen flutend, vielverschlungen: Waldmeervorläufer. Die Sonne sank . . . Am Himmel lodert düstere Andacht. Immer heftiger, ungestümer blutet die Glut.

Feindselig drohen befehdende Röte, leidenschaftliche Verklärung, Fleischeslust der Himmel. Hingeträumte Göttergestalten liegen die Berge da. Die nächste aber hat vor sich in der Tiefe einen kleinen Spiegel: der ist rot von der Freude an all der himmlischen Schönheit.

Herbstseele

So eine herbstfrische Waldluft. Und so ein Mutwill stöbert unter dem bunten Laub wie Knabenstiefel sich freuen, die purpurne Brandung und heiter zu empören.

So ein jubelnder Mutwill unter all diesen fallenden Kronen, diesen wildwachsenden Blutstropfen sterbenden Jahres!

Und jeder Blutstropfen schön gestaltetes Schweben. Und so frank und frei in all den niedlich Wichtigen da. Was war und verging, ein goldener Schatz in wölbendem Blau und frank und frei und gütig nah ist es, freundlich und hat nicht teil, und himmelsstolz oder höheneigen schaut es weich hinaus und immer tiefer blau.

Aus „Seelentage"

Wie ein Testament das Laub: Gold und voll Liebe, Seele im Vermächtnis. Und dieser klare Tag in seiner tiefen Reinheit allsagendem Scheiden, grüßend ruht sein heiterer Blick auf allem, allem.
Ein welker, wehmütiger Freier, wie er die Tragödie tief macht und versöhnend, mit knorrig weit ausgedehnten Stammtrieben im Schloßgarten des Belvedere.
In müdem Rot wie Georginen stehen in den scheidend leisen Vorgärten Kinder.
Ihr Haar eins mit welken Sonnenblumenblättern.
Auch die Spiele haben nun etwas Welkes, wie die wehmütige Reife der Lese.

Höhenstrolch

Ein großer Lump schreitet durch die Himmel.
Seine gewaltigen Knie verlieren sich im strahlenden Glanz.
Aus allen Taschen muß es fallen, aus allen zerrissen hängenden Taschen.
Und der lallende Schritt in schreienden Schuhen, stark und fröhlich singt er weiter.
Und alle Gassenjungen der weiten Welt – in grinsend kichernder Freude –, lautlos schlau, sammeln die goldene Ernte hinter diesem verwahrlosten Schreiten.
Was für ein Lump: der Weltbeglücker.

Banger Traum. Karma

Das ist vollzogen. Basalt. Geronnener Ursturm. Gegend fremdeigen. Rötlich umbuscht, bestimmt, fern zitternd Geleise eines Waldwegs. Wohin? Das soll Kindererde sein. Heimat. Mehr als die besondere Heimat. Die Besuchsheimat, meines Vaters. Doch. Ein Etwas folgt mir. Ein Ochse vermutlich. Stumm. Mein Ahnen spürt seine Hörner über der Beuge.

Ein Karrenfuhrwerk. Breitachsig vertraut, ein Ungefähr, ein mitbekannter Heimatling.
Das sichert.
Und ich sehe mich nun, angemutet. Und dieses lange Untier hinter mir, ein erster tiefer Blick überzeugt mich: es ist kein Ochse. Eine Kuh.
Und Kühe ruhen. Sehr lange Kühe. Ruhende Vorgebirge sage ich, immer dichterisch.
Und dann bin ich wo zu Haus. Zugleich wohl. Ob schon der Geist allein zu Hause ist, der Weltumtaster.
Ja, der Weltumtaster.
Diese Stube, hell schräg. Und so ungewohnt. Mein Zimmer. Mein Ich. Aber fremd so. Fremd umkrustet, eingekrustet. Undurchbrechbar.
Eine dunkle schwertiefe Umhausung, eine Seelengefangenschaft, eine Hineingeronnenheit aus einer langsam wild seltsam verlorenen Wunderseele.
Und keine Tür. Eine verdeckte, langsam erworbene Enge. Bewandtheit, Beengtheit; wie helles Glas. Sogleich setzt braun, neu, deutlich, regelgliedrig eine Treppe an. Hinab. Fenstergebälk, frisch, eng, bestimmt.
Kinder. Zwei wohl. Eigene. Mit sich beschäftigte in Kleidern der Hausfrau.
Um mich so ein fremdspöttisch kluger anders urteilender feiner, kleiner Vetter mit spitzer Sprache. Die können so gucken, die sind nah dazu, und weit genug. Der erklärt mich hinein in Zwang, wo er frei zu Hause, wo ich mich gewöhnen muß.
Und meine Schuhe. Groß. Gelbbraun. Staubiges Leder. Wie Heide sieht es heraus.
Nun sehe ich auf die Sohle. Die fehlt ganz.
Und wichtige Schriften von mir überall. Kinder haben damit gespielt. Zerrissen. Was mag wohl noch dasein davon.
Das drängt müde, bewegt sich auf mich zu von allen Rändern. Ich bin verdammt. Ich dränge und hebe mich auf und presse ein Gebet gegen die Decke – und bin noch in der Wirklichkeit, die noch nicht geronnen, der noch immerhin irgendwie gestaltbaren Wirklichkeit.

Vom kleinen Dante

Er hieß Dante und das Hemdchen hing ihm aus der Hose.
Das war in Mailand.
Im backsteinbangen kränklichen, gleichsam gebratenen Kämmerchen mit einem Kamin wie ein Grab.
Da sitze ich und wundere mich, dazusein. Neu, unbeholfen, an mich kommen lassend. Neu verpflanzt, eine schwerfällige deutsche Pflanze, muß ich von dem Boden erst in mich hereinziehen lassen, der mich nun vom weißen Alpenzaune her wie ein Garten weit umgibt.
Wie es tönend trappelt auf eisern gespanntem Altan. Wie es nun näher kommt, erinnert es an ein Schlachtstück, wie es wohl ein Biergarten zum besten gibt, der unaufhörlich schmetternd unsere Schlücke hetzt wie ein Pumpwerk. Nun schauen sie hinein durch das offene niedrige Fenster, wie die Erinnyen dem endlich im Asyl geborgenen Orestes anhangen mochten in ohnmächtiger Wut.
Der Orest aber kauert zu meinen Füßen. Er lehnt sein Köpfchen an meine Knie – mein Dante Alighieri, und will nichts sehen und nichts hören von den kleinen Hexen da draußen.
Denn wie oft haben sie ihn verfolgt, wenn er in düsterer Gemessenheit sich auf dem Altane des Binnenhofes erging – alle die wilden Insassen, alle die kleinen Teufel des süßlich rauchigen ersten Stockes mit seinen bräunlich wirbelnden Sonnendämpfen.
Wie Kohlen glühten da alle Augen in feuriger Bosheit, und all die kleinen, pfiffig unschuldigen schwarzen Zöpfe und Lockenschlangen ringelten sich nur so um die bronzenen Köpfe.
Und wer schürte die Glut?
Der kleine, todernste, finsterstrenge Dante mit der gallengroßen Florentinerseele, der weder Spiel noch Spielzeug kannte, in seinem angeborenen Richtersein, sondern nur einsam sinnenden Wandel!
Da waren sie hinter ihm.
Und wie bald war er erreicht.
Schon zog die Keckste der Mädchen den Zipfel noch mehr aus dem grauen Höschen hervor, so daß der Kleine in seiner bedrängt geärgerten Mannheit knurrte und dabei aussah wie

ein kleiner fremdartiger Vogel und noch mehr reizte den Mutwillen, das Lachen.

Nur hier bei mir hatte der Verfolgte Ruhe.

Ich war sein Beschützer. Und mich respektierten sie alle, diese kleinen Unholdinnen, und eine schmeichelte und bat immer noch verführerischer als die andere:

Dolche, Bonboni, Signore! Prego! Ancheoio! Ho fame Signore!

So verflocht es sich wie eine wild erblühende, mit Unkraut durchwachsene Hecke, und ich versuchte zu antworten und etwas dieser fremden Sprache an mich zu ziehen. Aber bald verwirrte sich mein junges Italienisch und ließ alles über sich hinbrausen.

So zahlte ich für meinen kleinen Schützling mit dem großen Namen das Lösegeld. Und dankbar sah er auf zu mir, wenn sich die wilde Jagd verzogen hatte und sein Blick sich wieder aufwagte aus kohlschwarzen, großhungrigen Augen in dürftigem, wie uraltes Pergament, wie ein nicht gehaltener Vertrag vergilbten Vogelgesichtchen.

So ruhelos blicken Vögel in fast glänzender Angst, wenn sie kurz und trocken hüpfen und Einsamkeit piepen.

Und dann nestelte er sich ein zwischen meinen Beinen hinter den Falten meines Schlafrocks, und bald senkten mich seine Atemzüge in Sinnen. Und wie ich nun hier war in der fremden Welt, wo süßliche mattblättrige Maulbeerbäume die staubig brütende, von den huschenden Sonnengeburten der kleinen grauen Lacerten überhüpfte Ebene tüpfelten – und wie zurechtgeschnittene Posen die schrägen hohen italienischen Pappeln. Und ein animaler Seufzer, und wie sich ein dummes vertrauend hingegebenes Hundel wieder zurechtnestelte, rief es mich frisch zurück zum Ausgangspunkte meines weltverlorenen Staunens.

Und ich sah auf zum Himmel, in dessen Wangen Blut war, auf zu den flinken Schwalben, die da oben, wenn sie hoch genug waren, aufleuchteten im scheidend klaren Abendschein.

Der Lärm der Kleinen hatte sich hier und da hineinverzogen zu den abberufenden Stimmen, gehorsam wie das Leben Folge leistet dem winkenden Tode.

Und leise rieselt Dunkel hernieder, um so voller aber stieg drunten vom Brunnen herauf die ewig sehnende klingende Melodie fließenden Lebens.

Nun nahten Schritte.
Buona sera, Signore!
Buona sera, Roberto!
Und Robert, der Lehrling, war in einem Uhrmachergeschäft, erzählte mir vom kleinen Dante, wie er schon sieben Jahre alt sei, aber nicht zur Schule gehen könnte, da er schwach sei und die englische Krankheit habe.
Dann langte ich sanft das schlafende Bündel Leben herauf und reichte es über den niederen Sims Robert zu, wie der Tod dem Aufseher der Geisterwelt ein Leben zu weiterer Behandlung überreicht, und Robert trug es schlafend rechts um die Ecke zu der zweiten Tür.
Buona sera, Signore!
Buona sera, Roberto!
Und ich glaube, der kleine Dante, der nie gewußt, was Kindheit war und Spiel, nun wird er es bei den Engeln lernen, wenn er es nicht vorzieht, seiner Gewohnheit treu, zu den Knien zu schlummern seines ewigen Vaters.
Und keine kleinen Hexchen werden ihn mehr stören, noch die groben Püffe ihn treffen, die das rauhe Leben dem Schwachen zu versetzen pflegt, bis der große Stoß allen ein Ende macht.
Buona notte, Dante!

Kinderliebe
(Novelle)

So ein Kirchhof mit seinen Anpflanzungen und spielartig aus der Fläche herausgeschaufelten Gräbern hat für die Kinder etwas Anheimelndes.
Nun ist gar noch ein Brunnen da, aus dem der Gärtner des Todes an einer Welle das Wasser aufwindet, mit dem er Blumen und Sträucher erfrischt.
Da sitzen die Kinder gern und schneiden mit großem Ernst sich im Wasser langsame Fratzen.
Paul und Mariechen!
Oft hocken sie hier schon bei blassem, eben vom Schüttelfrost des Winters genesenem Sonnenschein.
Klein Mariechens Vater ist Arzt und hält den Drang des

Kindes ins Freie für ein Naturgesetz, das ihm nicht verkümmert werden darf, für einen Instinktschrei, der gehört werden muß von einsichtiger Aufsicht.
Und so wuchsen sie nebeneinander auf, von Tag zu Tag, bei ungebärdiger Witterung im lau wie ein Bad geheizten Kinderzimmer, sonst hier draußen, immer aber unter den hütenden, Maschen und Schützlinge unter einen Blick nehmenden Augen einer stillstrickenden, gütesinnenden Tante.
Regte sich auch bisweilen leise Ungeduld bei ihnen, oder gelüstete es ihre kleine schelmische Schlauheit nach einem leider alsbald ertappten Triumphe: im Grunde fühlten sich beide unter dieser Obhut recht sicher und angenehm: es war das so eine Art göttlicher Vorsehung ins Irdische übersetzt, eine Schutzengelschaft mit einer Haube auf.
Und bisweilen nahm dieser Schutzengel so ein rosiges, frischgetüpfeltes, weißkerniges Wädlein und zog einen warmen, strähnig gefurchten Beinling darüber mit kühlem klapperndem Stricknadelgerüst.
Das machte dem kleinen Fuß Vergnügen, die große Zehe krümmte sich nach oben und unten vor Behagen.
Dieser muntere Fuß und dieses frische Bein gehörte vorzugsweise Mariechen. Jedoch auch Paulchen bekam seine Strümpfe; Tantchen war ja so gut und Pauls Mama tot, und die gekauften hielten so schlecht und waren auch gar nicht so warm.
Mariechen aber, als Kind des Hauses, hatte begreiflicherweise den Vorzug. Pauls Beinchen waren aber mehr gelblich bleich und seine Zehen so ernst, so ruhig und gelassen wie der Kleine selbst mit seinem kurz geschorenen großen, priesterlich ernsten Kopfe und den großen, schweren, fast schwarzen, braunen Augen.
Sie sprachen wenig, wenn sie zusammen waren.
Nur der Kleinen, die oft aufsprang und emsig hin und her eilte, während er bedacht handelte und wandelte und seinen Sand ausgoß, langsam und planhaft, als sei es ein kostbarer Samen – nur ihr ging das Mündchen.
Aber sie sprach gewöhnlich halblaut, mehr zu sich selbst.
Und doch genossen sie alles, genossen ihren wachsenden und abnehmenden Schatten, dem sie den Kopf zu zertreten sich bestrebten, als handle es sich um jene alte Schlange; genossen den großen, braunen Hund, der wohl bei ihnen vorsprach,

sich zausen, streicheln, schmeicheln, ja sogar reiten ließ. Das heißt: er duldete die Versuche; hinauf auf ihn kam keines.

Und wer hinaufkam, konnte sich nicht behaupten. Und dabei stand das gutmütige Tier ganz ruhig und lüftete seine rote Zunge.

Beide waren fünf Jahre.

Das ist das schöne Alter: die Sinne haben bereits ihre volle, eifrige Regsamkeit, aber noch immer behauptet die Kindheit ihr eigenes Reich, worin der Himmel noch so ganz voller Onkel hängt; jenes Reich, das gewöhnlich mit dem Beginn der Schule, der langsam wachsenden Pflicht und Arbeit abbricht. Aber auch ohne Schule würde diese erste Kindheit gegen das sechste Jahr aufhören, denn immer lebhafter öffnen sich die Sinne, immer mehr Welt braust hinein, und das kleine Wesen, das so gern „groß" sein möchte, drängt es selbst, diesem einzigen Zauber, diesem Dornröschentum des Lebens ein unersetzliches Ende zu bereiten.

Wie die Blume das Lächeln der Pflanze, so ist die Kindheit das Lächeln des Menschenlebens.

Aber schon die Blüte streckt und dehnt sich nach allen Richtungen und möchte lieber ganz dem Kelch entfliehen. Nur die Knospe wohnt noch traut beisammen.

Die Lebenszeit des Paradieses auf Erden ist kurz, jene glücklichen Zeiten, da alles Geschöpf: Sonne und Wauwau, Mond und Bonbon noch so köstlich eins ist und zusammen hockt in der Geschwisterschaft des All, voll drolliger Anmut, träumerisch traut.

Nichts taten sie lieber, die beiden, als nach Beendigung ihres Tagewerks, ihrer erst so gelassen und eifrig geformten Staubbauten, die vollendet dem Verfall überlassen wurden, nichts taten sie lieber, als sich an den Brunnen zu setzen. Dann legten sie wie ein paar zufriedene Götzenbilder die molligen Hände auf die Knie und führten mit ihren schwimmenden Ebenbildern da in der Tiefe feierlich stumme Mienengespräche.

Ließ Paul mit seinem großen, ernst ausgewölbten Priesterkopf einmal auf sich warten, dann ward Mariechen unruhig und sogar eigensinnig und vergaß in der Ungebärdigkeit der ihr sonst eigenen Niedlichkeit.

Der Priesterkopf seinerseits aber blieb zuerst ganz ruhig bei einem Wegbleiben der Gespielin, nur seine Augen nahmen etwas Leeres und Fragendes an.

Nach und nach aber wurde sein Gesicht geradezu verzweifelt. Endlich fiel er auf die Erde und dick stürzten die Tränen.

Erst wußte man gar nicht, was ihm fehlte, bis er auszurufen begann: „Mariechen! Wo ist Mariechen? Ich will zu Mariechen!" Damit hörte er dann gar nicht mehr auf.

Jeden Abend aber betete er:

„Ich bin noch klein,
Mein Herz ist rein,
Soll niemand drin wohnen
Als Jesus allein –
Und Mariechen"

setzte er so recht innerlich seufzend hinzu.

Paul hatte Scharlach gehabt.

Seit einigen Tagen durfte er wieder aufsitzen, aber noch nicht heraus.

Nun wars schon so lange her, seit er Mariechen nicht mehr gesehen, und immer mehr wuchs diese Sehnsucht und jeden Tag diese stundenlange hingeworfene Trauer und jeden Tag trostloser, länger und verzweifelter.

Man hätte ja nun gern seine Leidenschaft erfüllt, nun, da die Gefahr der Ansteckung für die Kleine vorüber – wäre diese nur nicht schon fortgewesen!

„Aber Paul, Mariechen ist ja gar nicht da, sie ist ganz weit weg von hier, ihr Papa und ihre Mama sind gestern weggegangen."

„Mariechen, ich will Mariechen!"

Ja, so war es: dem Arzt hatte sich plötzlich Gelegenheit geboten zum Erwerb einer Heilanstalt. Man packte schleunig ein, und Mariechen hatte mit ihrer kleinweiblichen Lebhaftigkeit vor dieser Veränderung ganz des Abschiedes vergessen und an den eben erst vom Scharlach genesenen Spielgenossen nicht mehr gedacht, da ihr ein paarmal gesagt war, sie dürfe jetzt nicht hin.

Allmählich ward Paul stiller, aber dafür auch noch stummer und brütender als zuvor.

Er mußte ja mit seinem Schmerz allein fertig werden, dem unfaßbaren, für den keine Linderung wuchs.

Für solchen Schmerz hat der Erwachsene ja gar kein Verständnis. „Albernheit, Faxen!“ Und dabei hat man gar keine Ahnung, wie tief, märchenhaft und alles ergreifend so ein Kindergefühl geht.

Rachel weint und will sich nicht trösten lassen, denn ihre Kinder sind nicht mehr.

So bohrt auch der Kinderschmerz weiter und weiter, wenn in so einem Herzchen schon die Leidenschaft zuckt, wenn so ein unselig-unverstandenes kleines Wesen in sich einen Roman lebt zu einer Zeit, wo noch niemand das vermutet.

Und nun saß der Knabe allein am Brunnen.

Neue Gespielen wollte er nicht, er schüttelte mit dem Kopfe, und brachte man sie, verhielt er sich ablehnend, so daß die Verschmähten, Gelangweilten aus seiner Gesellschaft weinend fortbegehrten.

So einen stillen Verzicht, so einen selbstverständlichen Entsagungswillen äußerte Paul, daß man nichts mehr mit ihm anzufangen wußte und ihn gewähren lassen mußte. Man sprach ihm von der Schule und versprach sich davon Wandel. Sein Gleichmut blieb, der Verzweiflung brütender Gleichmut.

Da, wie er wieder einmal trauervoll Fratzen schnitt in dem nun vereinsamten Spiegel des Trauerteiches, kam seiner regellosen verschlossenen Sehnsucht ein Gedanke, den ihm der bereits aufblitzende Schulgeist eingab, der erwägsam prüfende. Nämlich: da war doch früher noch ein anderes Mariechen?!

Eins ist nur gegangen, das andere muß noch dasein.

Und da will ich hin!

Seine Sehnsucht wallt auf, sein Herzchen pocht so freudig, so schnell wie ein Weihnachtsherzchen unter kinderduftigem Christbaum, sein Seelchen steigt und steigt – und er lehnt – die Tante Schutzengel war ja auch fort! – sich über den niederen Holzrand des Brunnens.

Erschrocken fuhr das Bild darin auseinander. Erst langsam beruhigten sich die Züge des Wassers.

Einige Berge weiter aber guckte gerade jetzt Mariechen in den Spiegel und lachte sich an: sie hat einen neuen Hut bekommen, und das Band darauf war so wunderschön blau . . .

Im Dorfe aber hieß es: „Winkelhagen Paul ist ins Wasser gefallen.“

Heute nacht war ich mit meinen achtundvierzig Jahren noch immer auf dem Pennal, fühlte mich dabei als wohlgefestigter Dichter und dabei Gymnasiast.

Dann fühlte ich, wie im Traum einer mich mit aller Gewalt davon abbringen wollte.

Ich aber sagte: nein, denn jeder Begabte muß das Wesentliche schnell erreichen können; das ist das Gymnasium sich selbst und jedem Strebsamen doch schuldig. Da ich auf der Klasse dazu in aller Ewigkeit nicht kommen würde, so wollte ich das Maturum machen.

Erst Dichter, dann Abiturient!

Hatte der Traum so ganz unrecht?

War er nicht vernünftiger als ein Dutzend Kultusminister des preußischen Staates?

Religion: „Ich heiße Peter. Das heißt Fels. Und so ein Felsen, ein fester, fühlender, das Wirkliche, Gott fühlender Fels will ich sein; zusammengehn, daß nicht ein Bläschen in mir bleibt."

Gott will ich haben, wie ich ihn nur haben kann und mit ihm die jubelnden Wunder seiner Welt. Es gab eine Zeit. Da lagen um mich trübe Wege. Alle führten in Verlassenheit. Ins Elend. Bis ans Ende dieser Tage. Und weiter. Dann ins Dunkel.

Ins grinsende Dunkel.

Die Religion ist der Anker des Lebens.

Es war die Stunde dafür.

Die erste.

Von 8 bis 9.

Die Kirche dunkelte noch.

Über den Hof.

Ich werde aufgerufen. Ich soll die Beweise für das Dasein Gottes angeben. Das konnte ich.

Das heißt, was man so nennt. Den ontologischen, den physiko-theologischen.

„Halbeisen"[1] weilt lange bei mir. Die erloschenen Kohlen, die drohenden mißtrauisch bohrenden Inquisitoraugen laste-

[1] Halbeisen war ein Lehrer Peter Hilles am Paulinischen Gymnasium in Münster (Westfalen). Siehe Nachwort.

ten auf mir. Entzündeten sich nicht. Mit notgedrungener Gerechtigkeit stellte sich eine langsame 3 in sein schwarzes Notizbuch. Es hätte auch eine 2 sein können. Bei Dannemann[1] mit dem bedächtigen Entenschnabel und der niedrigen wie dicke Milch gerunzelten Musterschülerstirn sicher eine 1. Denn ich stand mich nicht gut mit ihm. Er verabscheute mich aus vollem theologischen Herzen als Freidenker und der Lateinlehrer in ihm noch besonders als Freund deutscher und anderer Dichter.
„Denken Sie sich, Ihr Sohn liest Horaz als Dichter."
Du lieber Gott, als Freidenker! Da muß man Beweise dahersagen, die man innerlich widerlegt. Da wird man jeden Morgen zur Messe kommandiert, alle sechs Wochen zur Beichte, da sehen es alle alten Weiber, die in der Gymnasialkirche so eine ganz besondere Herzstärkung suchen: „Der geht nicht mit herauf kommunizieren, der hat die Absolution nicht bekommen. Was mag er nur verbrochen haben? Oh, oh!" Achtmal im Wirtshaus gewesen. In diese jämmerliche Freiheit muß man sich flüchten und in einem billigen Lucifertum sich fühlen: „Gott hat die ersten Menschen ins Paradies gesetzt und wieder hinausgejagt, er hat die Sintflut über sie geschickt, er mußte doch wissen, daß sie sündigen würden. Wie kann man einen Mord befehlen, einem Vater zumuten, einen Sohn zu töten? Ja, es war nur eine Probe! Also eine Lüge."
Mit diesen Spitzfindigkeiten am Wörtlichen muß man sich abgeben, weil nicht der tiefere Sinn gesagt wird, so stark war die Liebe Abrahams zu Gott, daß . . .
Oder mußte man als Primaner nach so und so viel Jahren aus der Dorfschule die Sextaner als Meßdiener amüsieren? Nein, die Religion muß lebendig bleiben.
Das Gruseln knabenhaften Wagnisses, eines billigen Luzifertums, die Neugier und Eitelkeit einer Lieblingsphilosophie wäre nicht schlau. Wie aber, wenn man um die ungeschickt verbliebene Form, den halb theologisch gehobenen Katechismus und das bißchen Kirchengeschichte, kleinliche Sittenpolizei für die lebende Religion nimmt? Abstirbt im Herde, ein kalter unbehaglicher, winddurchtoster Bau? Allein im Suchen nach der Höhe, die in uns ist und drängender Jubel

[1] Ein Mitschüler Peter Hilles.

von hier zu da, von da zu hier, kein Prediger, eine Weltenwonnen schlagende Nachtigall, ein Franz von Assisi, ein William Blake, die tagelang dem jüngsten Stündlein entgegensingen, Lieder der Zugvögel, Melodien nicht von dieser Welt!
Und so das zu hoch für die Lehrer ist, so doch hinüberdeuten in das Wissen unserer vielfindenden Zeit. Zeigen, wo das Wissen zu Ende geht, wo wir unser Leben verlieren müssen, um es höher wieder zu finden.
Einen Gipfel ersteigt man, wir müssen höher, also heißt es fliegen.
So für unsere selbstsuchende Zeit läßt sich viel finden.

De profondis

Träume sind fremdartige Gegenden. Wie wir da so grell, jäh, flackernd, albern bewußt, töricht im Vordringen unserer Handlungen, so schwer in ihren Äußerungen sind, wie wir sie entzwei machen und umfassen!
– Das gibt Züge – die eigentlichen. Das Nebenher. Das benutzt das düstere heitere Aneinanderreihen unserer Vorschul-Ewigkeiten.
– Über den kahlen Berg. Auf verlassen grundloser Heerstraße, wo die Bäume noch im Amte blieben, die unsere Jugend zudecken mit ihrem Wachstum, so daß wir fremd sind in der Heimat, dieser wehmütigen Verwandtschaft der Erde mit unserer Seele. Ein kleiner frierender Ponywagen rüttelt hilflos dahin. Kaum Schatten immer Unheimliches mitzuteilenhabender Zitterpappeln.
Stiefmütterlich, unbeseelt ein Vorwerk, dann und wann bearbeitet wie von Verbannten.
Verwittert neu, gelblich ungesunder Kalkstein, kein frank menschliches Auge der Menschheit, kein Fenster, nur tückische Dachlaurer zwischen den kalken graulila Sandplatten der Scheunendächer.
Graugerissene Furchen der Erde, schwer unter den Furchen der kahlen, verwandten Berge. Kreischend rote Vogelbeeren.
Erwachsener Trauer um ihre Eltern. Das ist so tief für ein

Kind. Wie sie schweigen, ihre Seele nicht anzustoßen wagen auf diesem holprig immer wilder schleudernden Wagen. Bauernweh: schon schaut es aus nach uns von halber Lehne drüben, und hüllt es ein – das Verwandtendorf, in seiner Falte wie ein Kind, das sich an der Mutter hält, hüllt es ein, daß mans nicht suchen mag wie sonst am lockenden Kirchenmeßtag.
So etwas wird eingetragen. Und der Schmerz hat so etwas Heimatliches, näher zu uns Führendes.

Mein heiliger Abend

„Meinetwegen!
Nun machen Sie aber, daß Sie herauskommen!"
Als die Wirtin gegangen, machte ich mir an dem einzigen Stuhle Luft, den mir die Wirtin soeben vor die Tür zu setzen die große Gewohnheit hatte. Ein bewährtes Mittel das eine innere Empörung niederzudämpfen, dessen sich, verläßlichen Gewährsmännern zufolge, schon der Altreichskanzler nicht ohne Erfolg bedient haben soll.
Noch einmal öffnete sich die Tür dem Ingrimm meiner liebwerten Frau Hospita: „Also morgen mittag zwölf Uhr! Sind Sie dann noch immer nicht raus, dann schmeiße ich Ihren Kram auf die Straße und Sie hinterher."
„Schöne Seele!" meinte ich bescheiden.
„Sie machen sich wohl noch lustig über mir, Sie Strolch Sie!
Sie Erzgauner!
Überhaupt sone Schriftsetzer, eine nette Package muß dett sind!"
„Sie vergessen sich, verehrte Frau Meckert, denken Sie daran, daß heut Heiliger Abend ist!"
„Ach Heiliger Abend! Ihnen scheißt der Hund was!"
So nun war ich endlich allein mit dieser an Gaben und Ahnungen so reichen Weihnacht des ganzen Jahres.
Meine Bescherung hatte ich bereits weg. Zwei Pakete auf einmal. Nett, nicht wahr? Es gibt doch noch gute Menschen!
Das eine Paket enthielt ein Drama in fünf Aufzügen. Das

betitelte sich „Schillers Lehrzeit“, war gut geschrieben, darum von mir. Es sei nicht künstlerisch genug, zu belehrend! Zum Kuckuck noch mal, dafür heißt es doch auch Lehrzeit!
Das zweite Paket enthielt: „Sappho“, Roman der Schönheit von Peter Hille. Auf den hatte ich die meiste Zuversicht gesetzt, wie ich an „Schillers Lehrzeit“ – und das doch wohl mit Recht – die höchsten Erwartungen geknüpft hatte.
Nun war auch er wieder da.
Noch aber hoffte ich. Während ich so am Hoffen war, ganz hoch in den Hunderten schon, fingen in feierlicher Tiefe die Glocken an zu klingen. Bald aber hörten sie wieder auf, und ich konnte unabgelenkt in mich zurückkehren.
Es gibt eben so ungefüge Stunden, gewöhnlich an geweihten Tagen, wo man dem lieben Gott Ohrfeigen anbietet und sich selbst rechts und links welche verabfolgt in machtlos aufsiedendem Grimm gegen die Bosheit des Schicksals, das wir in uns selbst zu züchtigen glauben.
Es werde Licht!
Es wurde aber keins. Denn die Lampe stank, als ich mit ihr mein gequältes Dasein etwas erleuchten wollte, stank wie die mürrische Miene meiner Wirtin, die da draußen herumrumorte, um mir ihre trauliche Anwesenheit nicht ins Vergessen zu bringen.
„Det nennt sich Schriftsetzer und hat keine heile Hose am Arsche!“ Diese sinnige Bemerkung hörte ich immer wieder unter einem bitteren Gelächter, mit allen Kapriolen, jener Impudenz der Impotenz, die ein Kritikergenius, ein Kerr etwa, zu zeigen pflegt.
„Ausräuchern müßte man die Schwefelbande!“
Meinte sie nun mich oder Studermann oder Kerr?
Und fragen konnte ich nicht.
So erhielt ich keinen Aufschluß.
Es fing gut an.
Erst hatte mir Redakteur Lausewetter Kindersachen zurückgeschickt, die er vor einem halben Jahre angenommen hatte, nun aber ablehnte, weil in letzter Stunde Liliencron und Bierbaum noch eingesandt hatten. „Und solche erste Namen“, meinte mein Lausewetter mit demselben Takt, wie er auch den Tag der Rücksendung gewählt hatte, „die müssen wir bringen.“
Weh dir, daß du ein Enkel bist!

Nun blieb noch eins!
Heute hatte ich noch zu essen. Eine Schrippe von Mittag her und einen halben Hering. Wie ich nun meines gefrorenen Herings eiskalte Schilfern zwischen meinen Zähnen fühlte, da kam ich mir vor wie mein Symbol, wie ich als solches mein Leben verschlang.
Ich lehnte meine Stirn gegen das Fenster. Es waren wieder irgendwo, ganz dumpf, Glocken in der Luft. Dumpf und müde! Dumpf und müde! Ich konnte es mir wohl denken! Die armen Glocken!
Zweitausend Jahre lang schon haben sie gelogen.
Von Frieden und so was.
Das ist schwere Arbeit.
Fast wie Sterben.
Das wissen auch die Dichter.
Darum sind sie den Glocken so gut.
Eintönig klägliches Getute einer Kindertrompete. Da hatten wir die Bescherung!
Aber es mußten viele doch nichts gekriegt haben heute. Es sah so ärgerlich aus draußen.
Es war alles so gereizt, als nun die paar Hinter- und Dachfenster, die ich da und dort vor mir hatte, allmählich undeutlich erleuchtet wurden.
Wie geronnenes Blut etwa.
Begreiflich: kein einziger Christbaum!
Nur gerade gegenüber aus dem Hinterhause der Villa in der Regentenstraße kamen einige Tannensterne zum Vorschein: da wohnte wohl der Bediente oder Kutscher.
Da vorn aber wie mußte es da erst aussehen! Da war ich angerichtet.
Ja wirklich ich. Corinth hatte mich gemalt und die Dame des Hauses von ihrem Herrn Gemahl mich zum Weihnachtspräsent ausgebeten.
Und sie hatte mich bekommen. Denn ihr Mann gewährte ihr alles, was er ihr nur an den Augen abzulesen vermochte, und er konnte es auch, denn sein Tagewerk war Knipsen. Nicht im Schalter, sondern vor dem Tresor.
Da würde es hergehen, da vorn! Wie ich da bewirten mochte, wie mir zu Ehren die gebranntesten Korken sprangen! Kaviar fürs Volk, dort in einem Kreise, der mir Verständnis entgegenbrachte.

Noch aber war meine Stunde nicht gekommen. Noch stand ich im Lorbeerkranze hinter einem Vorhange.

Er fiel. Welche Überraschung begrüßte mich, welche Bewunderung!

Wie zufrieden lächelt der Gastgeber über seinen Geschmack. Ich sagte es ja immer, eine Weinzunge ist verwandt mit der hohen Diplomatie, ist zu allen Dingen nütze.

Es klopft.

Der Briefträger.

Eine Überraschung! Ein Paket, der dämonische Sagenroman „Der Rattenfänger von Hameln“, meine letzte Hoffnung – nun liegt sie vor mir!

Der gute Briefträger: schenkte er mir doch die fünf Pfennig Bestellgeld, die ich nicht zahlen kann. „Na, weil Heiliger Abend ist!“

Die Stube ist ganz voll. Eine bereits dichte Versammlung hat darin Platz genommen: die Finsternis.

Wie außen, so mags da drinnen sein.

Da wirds heller. Die Sterne droben klappern und zwinkern vor Frost.

Ich will ihnen auch eine Überraschung bereiten.

Wem soll ich was schenken?

Meiner Wirtin?

Aber was?

Mich selbst!

Aber das nützt nichts. Wenn ich mich auch aufhänge an dieser Schnur um das Paket von Lausewetter, das ich geduldig aufknoten muß in der Finsternis, weil ich kein Messer besitze. Man holt mich ab zum Schauhause, und übermorgen hängt dort der Zettel aus.

Das hat also gar keinen Zweck. Dynamit! Könnte ich nur Dynamit kaufen, würde das hell werden, hell für alle! Die Kathedrale sollte aufleuchten in ungeahnter Lichtfülle Gott zum Preis und seiner schönen Welt!

Ein deutscher Dichter, der sich nicht mal ein bißchen Dynamit kaufen kann zum Christkindchen – pfui Teufel!

Und ich lache – ein Timonslachen.

O Gott, wie schön ist doch die Freiheit, das äußerste Elend! Man ist so sicher, tiefer kann man gar nicht fallen!

Morgen, wenn ich erwache, erster Feiertag, spitzenfrische Morgenröte und draußen Kinder, die stolz und neidesfroh

die Vorzüge ihrer Puppen spazieren führen und minderbeglückten, weniger bedachten Gespielinnen gegenüber preisen.
So bleiben sie, auch wenn sie erwachsen sind.
Nur daß sie selbst die Puppen sind und ihren Puppenstaat lieber am eigenen Leibe tragen.

Durchfall am Himmel

„Nein, so ein Feetz!"
Den Engeln standen noch die Tränen in den Augen. Die hellen Lachtränen.
„Das war ja zu schön! Zum Kugeln! Reinweg zum Kugeln!"
„Da gehen wir Dienstag wieder hin."
„Einmal wirds ja noch aufgeführt werden."
Dabei hakten sie einander die blauen Flügel, die sie in der Garderobe abgegeben hatten, wieder ein in die patentierten Schnallen ihrer blauen Gewänder und nahmen wieder das hochmütig sittige Aussehen an, das sie der Außenwelt gegenüber zu bewahren wissen.
Die Engel sind eben große Politiker vor dem Herrn.
Von der Erde aber drunten sah man am Himmel einen wunderbaren Stern, wie nie seinesgleichen gewesen war.
Das war das gewaltige Werk, das droben unter dem unauslöschlichen Gelächter des himmlischen Publikums bestattet worden war.
Und immer wieder leuchtete der Einsame auf in neuen Qualen gewundenen Feuers.
Glänzend starb er, in unerhörten Farbenspielen wie ein Meeresstern oder eine Seeblume.
Die tugendhaft soliden Busen selig entschlafener Metzgerfrauen, die ihren Kirchenstuhl drunten mit einem Gratis-Abonnement auf erstes Parkett der himmlischen Vollendungsbühne und das Sterbehemd mit einem schwarzen Seidenkleide nach Gersons Zuschnitt vertauscht hatten, diese braven Busen hatten gewallt, als sei eine Empfindung in sie eingezogen, die sie auf Erden niemals bewegt.
Und die furchtbaren Isidore droben mit Karpfenschnuten

und dolch- oder kreisförmigen Schnurrbärtchen prüfen bereits die Schärfe ihres mordsmäßigen Witzes, um unverzüglich zur Hinrichtung zu schreiten, und ihre rauchigen Augen gingen umher wie nach Stift und Papier.
Und der armen Kunst ist eben nicht zu helfen. Denn der Chef oben befaßt sich natürlich nur mit hoher Politik und überläßt in einer Gleichgültigkeit, einer Geringschätzung, die fast Abneigung ist, das unter dem Strich den Anfängern, den Preß-Volontären des Jenseits.
Er ist nicht grausam – o nein!
Aber er kann sich doch nicht um jeden Dreck kümmern.
Da ist nun mal nichts zu machen. Man muß sich mit der Tatsache abfinden.

Die Stadt von Glas

Ich kam mal in eine blinkende Stadt.
Die war ganz von Glas.
Und diese blinkende Stadt hatte lauter artige Kinder.
Das kam so: Wenn ein Kind schrie und knutterte und ettrig war, dann sah das Glas gleich ganz böse aus, was in der Stube war.
So braun wie ein Bär.
Und zankten sich die Kinder, so lief das ganze Haus von oben bis unten sofort an und sah dann aus wie schlechtgebrannte Ziegel, halb blau und halb rot.
Gönnte aber das eine dem anderen das Spielzeug nicht, so war Fußboden, Stuhl, Tisch, Sofa in einem Augenblick so grün wie Schimmel oder Entengrün. Und das dauerte dann so lange, bis das Kind wieder lieb und freundlich aussah.
Und wenn ein Kind seine Schularbeiten noch nicht gemacht hatte, dann sah so ein Haus gleich so grau aus wie ein Esel.
Nun wars ja in der ersten Zeit auch in dieser schönen, blinkenden Stadt wohl vorgekommen, daß Mutter die Zuckerdose nicht gleich weggestellt hatte. Und dann wußte kein Mensch, wo die Zuckerstücke geblieben waren, die soeben noch darin gewesen: die Frieda nicht und der kleine Erich erst recht nicht.

Als aber dann das ganze Haus von oben bis unten hin schwarz wurde wie die Nacht und diese Nacht sich über die ganze Stadt ausbreitete, daß keiner mehr was sehen konnte, da wußte gleich die ganze Stadt: hier war schrecklich gelogen.
Da nun die Kinder es bald heraus hatten, daß nichts Böses hier verborgen bleiben konnte, wurden sie bald alle gut, und jedermann hatte seine Freude an ihnen, und sie waren immer froh und munter.
Und mitten in der Stadt, da war ein hoher Turm auch ganz von Glas. Da waren alle schönen Farben in den Wänden, die ganz aus Scheiben bestanden, durch die besah man erst die Gegend, und dann zuletzt ging die Sonne unter. Das sah man dann wieder durch das klare Glas.
Ich meine gehört zu haben, daß in dieser Stadt von Glas noch einige Häuser zu haben sind. Hättet ihr wohl Lust, mit euern Eltern dort hinzuziehen?

Die große Arbeit

Die kleine Martha läßt sich nicht stören. Ihre Puppe liegt hinter ihr ganz hilflos auf dem Rücken. Sie liegt da mitten im nassen Sande, zwischen zwei Schilfpalmen rechts und links, und ein grünbrauner Goldkäfer krabbelt ihr über das Näschen. Mit großen Augen guckt sie hilfesuchend in den Himmel und vergißt vor lauter Entsetzen zu schreien.
Die kleine Martha aber schöpft mit dem verbogenen, von lauter Arbeit schon ganz blank gescheuerten Teelöffel weiter. Sie möchte heute noch fertig werden mit ihrer Arbeit; denn sie ist ein fleißiges kleines Mädchen, und die Sonne steht schon sehr niedrig. Dicht überm Meer steht die Sonne, und der Abendhimmel und das Wasser sind so rosarot wie Himbeerlimonade. Und wenn Martha die Limonade da aus der großen Schüssel noch in den kleinen Teller schöpfen will, den sie mit ihrem Teelöffel in den Sand gehöhlt hat, dann muß sie sich wirklich sehr beeilen.
Die Limonade soll nämlich das Püppchen, weils gar so brav gewesen ist den Tag über, heute zum Abendbrot haben. Die faule Miezekatze aber liegt daneben in dem hellen Sande

und läßt sich ihren grauen Pelz von oben und von unten wärmen im schönen Abendsonnenschein. Sie liegt und schnurrt. Und wenn die grellen grünen Augen, die sie manchmal öffnet, sich überzeugt haben, daß das kleine Mädchen noch immer hübsch an der Arbeit ist, dann schließen sie sich freundlich wieder zu, und das Schnurren wird fast so stark wie bei Großmutters Spinnrad.

Und auf der anderen Seite der großen Schüssel sitzt noch so ein kleines Mädchen: das heißt Dagmar und schöpft auch für Puppchen Limonade aus der großen Schüssel. Sehen aber können sich die beiden kleinen Mädchen nicht. Denn die Schüssel, die ist ganz, ganz groß; sie geht von Kolberg bis nach Dänemark.

Und auch in Dänemark, an der anderen Seite der Schüssel, liegt eine Mieze, und ihr zufriedenes Schnurren sagt: Ich bin mit der kleinen Dagmar wirklich sehr zufrieden. Die Dänenpuppe aber, die macht zwei runde verwunderte Augen über die kleine Dagmar und ihr großes Werk, das nie, nie zu Ende kommt.

Oder glaubt ihr, daß die beiden kleinen Mädchen noch fertig werden und daß ihr Püppchen das Abendsüppchen noch bekommen wird heut abend?

Ach, die Limonade ist schon ganz blaß geworden und schon gar keine Limonade mehr, sondern bloß noch Meer. Und das große Meer läuft immer wieder fort aus dem kleinen Tellerloch, wie ein unartiges Kind, wenns ins Bett soll.

Machst dus auch so? –

Weltwiese
(Baby-Kapriccio)

Wo eine Wiese.

Strotzt die und flammt von lauter krausen mutwilligen Sonnenköpfen voll von lachenden Streichen. Löwenzahn. Mutwillige Zähnchen eines Löwenjungen.

Behutsam wildere Spielerei.

Läßt sich das wälzen auf den kräftig krachenden, durchsichtig grünen Säulen!

Das gibt Raum und Blößen hinein in die klaren Schatten strotzenden Urwalds schwellender Stempel.

Und stoßen zusammen die drallgesunden, lebendigwuchtigen Walzen, gibt das ein Krähen!
Und weiter kugelt man, einander nach oder sich trennend.
Nun hat man alles glücklich platt und liegt still und atmet und mag sich nicht regen vor lauter Behagen.
Die Augen gehen einem zu, und gehn sie wieder auf, da wälzen sich oben am Himmel die kleinen Jungen und Lüds (Mädchen) wie lauter große rote Rosen.
Man kriegt auch wieder Lust. Es wird einem so heiß.
Da fühlt man sich auch schon gehoben, so wächst es unter einem auf und hebt einen.
Und bald liegen wir wieder mitten im Grünen.
Und keiner sieht mehr was vom andern.
Und so schön kühl ist es, wo man darauf liegt.
Der Magen meldet sich.
Pladderadautz!
Da kommen die Buddel herunter, die Bonbons und die Schokoladenzigarren für die kleinen Jungen, die beinah so gut schmecken wie die große Zehe, wenn man sich die in den Mund steckt nachher.
Und Bälle und Steckenpferde und allerlei so was.
Und Trompeten!
Und Gänse, die wackeln!
Und nun kriecht man so was rum auf Visite, was der andere gekriegt hat und was einem gefällt, das will man sich nehmen – natürlich!
Dann haut man sich, und das ist das schönste.
Und die große Schwester da oben schüttelt lachend ihr unbändiges Kindergelock.

Seufzender Saft
(Schlummernde Kinder)

„Wo sind die Kinder?"
„Sie sind vorn und machen ihre Schularbeiten."
So still – so streitlos, traulich, das bin ich nicht gewohnt hier.
Da stört die eine mit lautem Aufsagen. Da gibts zu Friedenszeiten einen Tanz: „Nun wollen wir erst einen machen: Siehst du wohl, da kimmt er, lange Schritte nimmt

er." Zur größeren Feierlichkeit aber wurden vorher Rosenblätter gestreut. Dann nimmt man sich in den Arm und wiegt sich ein.

In den viel häufigeren Kriegsausbrüchen aber führt eine schnelle Entscheidung bald zu Greinen oder Anklagen.

Ich öffne die Tür.

Da liegen die auf dem Sofa.

Aber nun – nichts – kein Atemzug und kein Schnarchen trotz des offenen Mäulchens des Pussels Mathilde.

Und doch atmen die zarten, lebensheftigen Leiber in leisen, Rührung weckenden Rhythmen.

Das schlafende Leben ist ein Geheimnis, das man nicht stören mag.

Ich wenigstens habe eine solche Ehrfurcht vor Schlummer, ich vermags nicht über mich, daraus zu wecken.

Und so setze ich mich denn als Schutzengel mit meinem langen, rotbraunen Bart auf die Sofalehne, sah mit Beobachterfreude die heftig roten Wangen und scheuchte die Fliegen, die sich, angelockt von der mit feinsten Schweißtropfen feuchten Duftregung der Haut, auf Arm und Nacken hartnäckig, fast klebsam niederließen.

Man mußte ein-, zweimal zuscheuchen.

Ein Regen, ein Stammeln geisterhafter Worte, ein Umlegen und Wiedereinnesteln, ein Hineinruf in diese vermeintliche Ritze des Schlummers fand indes keine Öffnungen.

Einzig schön die Gruppe, wie sie dalagen auf dem Sofa. Man hätte sich eine Kunst gewünscht, die alles das fassen konnte.

So eine lange, bläulich-grün gestreifte Gewandung, aber noch neu in blanken, knitternden Falten, hüllte wie ein Geniengewand ein die kniend gegen die Sofalehne angezogenen Füße der abgewendet, mit Kopf und Arm auf der Seitenlehne Ruhenden.

Hier das blonde weiche Haar, dort das Bronzelockengestrudel, hier die schüchterne Seelengestalt der Kindheit, dort die geschlechtslos abgeschlossene Weibesgestalt des Kindes vor Durchbruch der Reife. Durch die herabgelassenen Vorhänge fiel ein reichgelber, treibhausüppiger Schein.

In Fenstersonne ein Glas mit welkendem Blumenstrauß!

Davon fast körperhaft musikalischer sprechender Duft, wie eine üppige Wehmut redend aus dem müden Mutwillen der

Nelken, der Ausgelassenheit des Rittersporns und dem zum Aufklappen reizenden Löwenmäulchen mit den nachdrucksam bekümmert geeckten Kinnhacken.
Dazu am Boden Tornister, Bücher auf der Fensterbank, das wahllos Hingeworfene der Kindheit: Unordnung, die hier nicht beleidigt, sondern zur Sache gehört.
Ach, sie wollen nicht pucken.
Man sagte mir, als ich noch ein kleiner Junge gewesen, hätte ich immer unter dem Birnbaum gesessen und darauf gewartet, daß welche herunterfielen. Und wenn dann gar keine hätten fallen wollen, dann soll ich mich ordentlich beklagt haben: „Sie wollen nicht pucken."
„Pucken" heißt nämlich soviel wie fallen.
Auch später, als ich heranwuchs, habe ich den Birnbaum immer gern gehabt, auch wenn er gar keine Birnen mehr hatte.
Da sah das Laub so prachtvoll aus, und die Blätter fielen bald hochgelb wie überreife Früchte, bald kräftig gesprenkelt und bald feierlich rot, wie es in dem alten Liede heißt, mit dem meine Geschwister in den Schlaf gesungen wurden:

„Buko von Halberstadt
bring unserm Kinde was.
Was soll ich ihm denn bringen?
Goldne Schuh mit Ringen."

Ja, so fest und so rot wie solches Leder sehen die Blätter dann aus.
Daß ein kleiner Junge, der noch nicht klettern kann, sich dabei ärgert, wenn nichts zu ihm herunterfällt, daß er hinkriechen kann und es auflesen, läßt sich begreifen. Aber wenn einer groß wird und er wollte sich dann noch hinsetzen und maulen: „Sie wollen nicht pucken", darüber könnte man ja nicht einmal mehr lachen, darüber müßte man ordentlich ärgerlich werden.
Und das tuen viele, die nichts Ordentliches gelernt haben und nicht arbeiten wollen. Nein, wenn man größer wird, so groß wie Papa, dann klettert man selbst auf den Baum und schüttelt und schüttelt, bis alle Birnen unten liegen.
Dann können alle kleinen Jungen mitessen. Nur für kleine Jungen lassen die Bäume die Sommerbirnen pucken, nicht für die großen.

Dissa und Wissa

Es waren mal zwei Hexen. Die waren sehr, sehr böse aufeinander. Denn sie wohnten dicht nebeneinander und konnten sich immer sehn über den Zaun, wenn sie in ihr Gärtchen gingen und da die gewöhnlichen Küchenkräuter für ihre Hexensuppen suchten, die sie immer um dieselbe Zeit bei Neumond um Mitternacht kochten.

Sie mußten aber immer schon vor Sonnenuntergang die Kräuter ausziehen, weil sie sehr fein und wenig voneinander verschieden waren. Vorher konnten sie die Kräuter nicht holen, weil sie getrocknet ihre Kraft verloren und frisch bleiben mußten.

Das war ein Kreuz!

Noch schlimmer aber war es, wenn sie einmal etwas Großes vorhatten, nicht bloß so einem kleinen Jungen eine Hasenscharte anzaubern oder eine bunte Kuh behexen wollten, daß sie blaue Milch gab; wenns ihnen darauf ankam, eine Prinzessin in eine Schlange oder einen schönen Prinzen in eine häßliche Kröte zu verwandeln.

Da waren die Kräuter recht rar, recht rar. Die konnte man auch nicht im Gärtchen ziehen; da mußte man schon ganz, ganz tief in den Wald hinein, und genau Mitternacht mußte es sein; genau zwölf Uhr nachts, keine Minute früher, keine Minute später. Da mußte man das Kraut Krumurt so genau ausziehen, daß kein Fäserlein im Boden verblieb. Das Kraut Krumurt verwandelte Prinzen und, wenn es recht groß und stark war, auch Könige. Es hatte vier große Fasern an der Wurzel, an jeder großen Faser saßen fünf kleine. Blieb nun eine große Faser in der Erde sitzen, so behielt die Kröte oder die Krähe, was die Hexe nun gerade wünschte, einen menschlichen Arm oder ein menschliches Bein; die kleinen Fasern galten für einen Finger oder eine Zehe.

Es hatte auf spitzen, langen schwarzgefleckten Blättern einen kleinen braunen Mohrenkopf und rief immer mit einer Stimme, die so scharf und so spitz war wie seine Blätter, mit denen man sich ganz gehörig schneiden konnte, wenn man nicht ordentlich aufpaßte.

In der Neumondnacht ging man das Kraut Krumurt suchen, ganz im Dunkeln; denn eine Laterne durfte man nicht mitnehmen; und ohne genau die Zeit zu wissen, denn Uhren

gab es nicht, und Lichte anzuzünden, die jedesmal drei Stunden brannten, dazu waren die Hexen zu geizig.
Der Krämer hätte ihnen auch nichts verkauft, um alles in der Welt nicht; denn das Geld, womit Hexen bezahlen, verwandelt sich in der Hand des Empfängers in feurige Kohlen.
So hätten die Hexen geradezu verhungern müssen, wenn sie nicht Korn und Vieh behext hätten, das sie mitnehmen und brauchen konnten. Ihnen schadete das nichts; von gesundem Korn, von gesundem Fleisch wären sie gleich krank geworden und bald gestorben.
Das Kraut Krumurt hatte also eine Stimme, eine scharfe spitze Stimme, und mit dieser scharfen spitzen Stimme rief es die ganze Neumondnacht, bis es gepflückt war. Dann schrie es furchtbar auf und war still.
Fand man es nicht in der Neumondnacht, so war es am nächsten Morgen verschwunden.
Auch war es vor Abend nicht sichtbar, so daß man es hätte aufsuchen und sich die Stelle hätte merken können.
Man konnte nur nach dem Gehör gehen.
Nun war doch nichts einfacher, als das Kraut Krumurt zu finden. Man brauchte ja nur der Stimme nachzugehen.
Flötepiepen!
Das Kraut Krumurt hatte eine falsche Stimme. Es hörte sich an, als wäre sie hier, und sie war dort. Gerade wie's die Kinder machen, wenn sie Verstecken spielen und „hu-hu!" rufen.
Und wenn die beiden Hexen ausgingen, ungefähr um dieselbe Zeit das Kraut Krumurt zu suchen, da stießen sie im Walde, wenn die Eulen heulten, oft im Finstern gegeneinander; dann knirschten sie mit den langen Hauern, den beiden Oberzähnen, die fast bis aufs Kinn gingen, sagten aber kein Wort vor lauter Wut. Dann auch, weil die, welche nun gesprochen hätte, in dieser Nacht ruhig hätte einpacken können.
Sie hätte doch nichts mehr gefunden.
Und so suchten sie, suchten, bis die eine den Schrei, den großen Schrei hörte und nun wußte: die andere hat das Kraut gefunden.
So wie's dann in der aufkochte, gerade wie der rasende Kessel, wenn das Kraut darin zischte und brüllte. Aber es half nichts. Nur der Haß stieg, und die Hexe wurde nur

noch mehr zur Hexe. Denn die beiden Hexen waren nicht von Anfang an Hexen gewesen, sondern ganz gewöhnliche kleine Mädchen, die schon als ganz kleine Dinger nebeneinanderwohnten in denselben alten Hütten weit vorm Dorf am Sumpfe, wo sonst keiner wohnen wollte.

Aber recht garstige, böse kleine Mädchen waren sie gewesen, die dem Vater wegliefen, die Mutter auslachten, sich kratzten, bissen, traten und sich die Zungen ausstreckten.

Auf der Schule wars noch viel schlimmer geworden. Und als die andern Mädchen heirateten, waren sie schon so weit in ihrer Niedertracht, daß sie mehr Böses ausrichten konnten als alle zusammen, also Hexen waren. Sie waren aber hübsch, noch viel hübscher als alle Mädchen zusammen, mit roten Lippen und bösen blinkenden Glanzscheinaugen. Die eine mit schwarzen, vergnügt schlauen Augen und schwarzem Haar, das den weißen Nacken darunter ganz, ganz lockend machte – hieß Brulle. Die andere mit grünen Augen wie ein leuchtendes Zauberkraut und Haar rot wie eine Flamme, die es kochte, nannte man Wulle. Nun warteten die beiden, bis die beiden schönsten Mädchen im Dorf, die ihnen natürlich nicht das Wasser reichen konnten, sich mit den schönsten Jünglingen versprochen hatten, die ihnen am meisten gefielen. Darauf tanzten sie auf einer Kirmes mit ihnen und verzauberten sie, daß sie den Verspruch brachen und sich mit ihnen verlobten: der Schloßbläser Schraplau mit der schwarzen Brulle, der Bogenschütze Wurmstecher mit der grünen Wulle.

So boshaft waren sie, so boshaft, daß sie nun nachher noch, als sie längst verheiratet waren, einander die Männer fortnahmen.

...Und nun gingen sie doch zusammen. Ja, sie erwiesen einander Gefälligkeiten. Sie ärgerten einander nun nicht mehr damit, daß sie die schönsten Plätze, wo starke, aber nicht ganz so mächtige Zauberkräuter standen, die mehr vorkamen, die man auch zu andern Zeiten bei Tage pflücken konnte, abflückten. Nein, sie sagten einander die Stellen, brachten sich ... zusammen.

Das kam so.

Die Hexen hatten zwei Söhne. Brulles Sohn hieß Bick, Wulles Sohn Back. Die Knaben wollten keine Zauberer werden Um alles in der Welt nicht.

... Es gehört sich doch so, daß die Söhne von Hexen Zauberer werden, wie sie als Mädchen Hexen geworden waren.
Nun aber wollten sie weder behextes Korn noch blaues Fleisch, noch nahrhafte Krötensuppe aus dem Hexenkessel essen; viel lieber wären sie in die Dorfschule gegangen, um Schreiben und Rechnen zu lernen, als daß sie in den Zauberbüchern lesen und die Sprüche daraus auswendig lernten. Und sie zeichneten viel lieber Männchen mit Spinnenbeinen oder Frauengestalten mit wirrem gesträubtem Haar und langen Säcken „Rabeck" oder „Das ist Hulda Habestreit", als daß sie die Zauberzeichen aus dem großen schwarzen Buche nachzeichneten, die bisweilen so seltsam aufleuchteten, wenn man sie laut aussprach ...
... Und sie sahen so frisch und rotbäckig und munter aus und gingen im September, wenn die andern Jungen frei hatten, mit denen Haselnüsse pflücken, „nuten" nannten sie das. Sie hatten alle ihre alten Taschen aus Hosen und Jacken zusammengenäht mit Nadeln, die ihnen die Mädchen liehen, und sich Beutel daraus gemacht, und mit den Messern, die sie von ihren Hexenmüttern bekommen hatten, auf daß sie damit den Kröten und Fröschen die Schenkel abschnitten, schnitten sie Haken aus den Haselnußsträuchern, mit denen sie die höchsten Büsche, worauf die braunsten, dicksten, wie ein umgekehrtes Herz aussehenden Haselnüsse saßen, die leicht aus den gelbwelk geflammten Näpfchen raschelten, zu sich niederbogen, um sie in den an einem Bindfaden links hängenden bequem schwellenden Beutel zu leeren. Die Mädchen flochten ihnen auch wie den andern Jungen aus Binsen Rüschhüte, daß sie wie Generale aussahen, und bekamen dafür Nüsse ab. Von den Jungen kauften sie sich für ein Schock Nüsse ein Stück Brot und waren froh und glücklich in der freundlichen Sonne unter dem guten blauen Himmel. Und wenn sie oben auf einem Berge oder alten Wartturme standen, schrien sie vor lauter Freude, und sie fühlten sich so froh und kameradschaftlich mit den anderen und hatten zusammen mit ihnen so eine warme Seele, wie sie das anders nie kannten, und sangen mit ihnen:

„Die Sonn erwacht,
mit ihrer Pracht
erfüllt sie die Berge,
das Tal,
o Morgenluft,
o Waldesduft,
o goldener Sonnenstrahl.
Die Welt entlang
mit Sing und Sang,
mit freiem und fröhlichem Sinn,
wir wissen woher nicht, wohin.

Mit dem Pfeil, dem Bogen
durch Gebirg und Tal,
kommt der Schütz gezogen,
froh im Morgenstrahl."

Und kam der Abend näher, konnte man der Sonne in das klare goldene Auge blicken, und wurden ihre Schatten lang, lang wie lauter furchtbare Riesen, die immer näher und näher kamen, die immer mehr wuchsen, dann wurden ihre Stimmen fromm und ruhig:

„Wie könnt ich ruhig schlafen,
in dunkler Nacht,
hätt ich nicht, Gott und Vater,
noch dein gedacht."

Und die armen Jungen hatten wahrlich Trost und Vertrauen nötig. Denn sie mußten nun nach Hause zu ihren bösen Hexenmüttern, die sehr zornig waren, weil ihre Söhne den ganzen Tag fortgeblieben waren, nichts gelernt hatten und statt der Zaubersprüche Nachtgebete, die sie die kleinen Mädchen gelehrt hatten, und fromme gute Lieder mit nach Hause brachten. Daß sie kein Abendessen bekamen, freute sie, und die Schläge mit dem Besenstiel duldeten sie ohne einen Laut; denn sie hatten ein gutes Gewissen und fühlten, daß man bösen Eltern, wenn sie was Böses befehlen, nicht zu gehorchen braucht. Was sonst sehr verkehrt wäre, hier war es recht.
Und wurden sie am folgenden Tage mit Zaubersprüchen und

besprengten Riegeln eingesperrt, so sagten sie ein Gebet, und sie konnten heraus.

Von den Nüssen nahmen sie nicht mit nach Haus. Die brachten sie immer ins Königsschloß. Der Pförtner, der sonst so furchtbar war und eine Stimme hatte wie zorniger Donner und die Augen rollte wie feurige Räder, die man unter Belagerer laufen läßt, der lachte gutmütig und ließ sie ein. Und das Hoffräulein, das die Prinzeßlein sticken lehrte, öffnete ihnen die Tür zu dem Eckzimmer mit dem hohen runden Fenster, das kleine Stühle und Bänke mit hohen Lehnen hatte, die geschnitzt waren wie ein brauner Eichenwald, mit bunten Seidenkissen darauf, die wie Blumenkissen waren.

Wie freuten sich da die beiden, wenn sie die beiden kleinen, niedlichen Spinnräder von Elfenbein sahen, darauf Flachs gesponnen wurde, der so fein und glänzend war wie Prinzessinnenhaar! Wie freuten sie sich über die beiden Webstühle, auf denen Blumen wuchsen, so freudefarben, wie sie nur die fleißigen lieblichen Hände zweier Prinzeßlein in Seidenfäden finden können! Und auch die großen Bälle, die bunten Kugeln, die munteren Puppen, denen man den leichten Sinn und die unbeschwerte Heiterkeit nachfühlte, wie sie so rosarot und blond in ihren rüschenreinen Bettlein lagen, die Arche Noah mit dem derbgesunden Farbgeruch, den kräftig gerundeten Tieren und der von oben bis unten in ihre langen roten und blauen Gewande geknüpften Familie Noah, das war so wie die andere Seite und paßte dazu wie das Spiel zu stillem Fleiß.

Bisweilen war der Burgkaplan da, ein freundlicher würdiger Jüngling, der so was ganz Gütiges und Heiliges in den Händen hatte. Der lehrte die Prinzeßlein aus einem Buche, worin große goldene und bunte Zeichen standen. Fast so seltsam wie in den Zauberbüchern zu Hause. Aber so freundlich, viel, viel milder, so freundlich lieb! So lauter und heilig wie edles Blut. So gerne, gerne hätten sie das gelernt.

Hier waren sie zu Hause, hier war ihre Heimat. So hell, so froh war ihnen zumut.

Und es streifte sie hier etwas von weitem wie Mutterhand. Kam die Königin mal nach den Knaben sehen, leuchtend in Prächten, dann winkten den verlassenen, häßlich umstarrten Knaben zwei freundlich liebe Sterne, die Liebe der Landesmutter . . .

... Bick war das heitere Kornfeld mit blauen Augen, die wie Blumen waren, Back die düstere Landschaft; Bick war das Prinzessinnenzimmer, Back die Hütte daheim. Back, der düstere, sah mehr Dissa, frisch und nur forschend, sinnend verweilend, wenn so ein Wunderwölklein durch ihre Seele zog, wie sie so gerne durch die Kinderseele über den Himmel ziehen.
Die sah er, sie machte ihn hell und heiter ...
... Die feine grauhelle Frage der Augen, die freundlichleise rote Blume des Mundes, das gerade feine Flachs ihres Haares, das nicht wußte, ob es Silber war oder Gold ...
Bick, der heitere, hatte Wissa gern, die mehr über den schönen buntgemalten Zauberbüchern lag und suchend und ernst und kniend an den ernsten bunten suchenden, traurigen Blumen webte als sich mit den Spielsachen da unten tollte, dem Bählämmchen ohne Kopf, dem großen Ball, der jeden Stoß zurückgab wie ein Böcklein. Wissa hatte schwere dunkle Locken, die sich in sich zurückgezogen hatten.
Wenn er nun sein Beutlein mit Nüssen abgab und damit läutete, daß sie gegeneinanderklapperten, so machte er sein fröhlichstes, aufmunterndes Gesicht. „Prinzessin, lach mal! Ach bitte, bitte lach mal!" Und sie versuchte es. Und gelangs auch nur halb, wie freute sich Bick.
(... für ihn war es, wenn Dissa mit drolligen Schleppen spielender Gewande über Estrich, Tisch und Bänke tanzte ...)
Die beiden Hexen freuten sich auch gerade nun. Einträchtig waren sie mitsammen auf die Wiese Urpilu gegangen, eine Stunde weit in dem Zauberwalde. Hier wuchs das Sämmarakraut, das man beim letzten Sonnenstrahl pflücken mußte. Dann piepte es leise und schnoberte wie mit einem roten Schnäuzchen und plinkte mit den glänzenden roten Augen, denn es hatte als Blüte ein weißes Mäuschen und verwandelte gut gekocht jedes eine Prinzessin in ein weißes Mäuschen.
Als Bick und Back so einen recht schönen großen Sack Nüsse zusammenhatten und die den Prinzessinnen geben wollten, da lief alles erschreckt durcheinander. Die schöne Königin weinte und hatte ihr Gesicht mit den Händen darunter auf der hohen Lehne, die braun war wie ein Eichenwald, und fühlte gar nicht, wie hart die war. Der König aber rief:

„Wer mir meine kleinen Töchter wiederbringt, soll mein halbes Reich erben und soll sich eine meiner Töchter wählen, damit er Hochzeit mit ihr halte, wenn sie erwachsen ist."
Die beiden Knaben aber wußten Rat. „Das haben sicher unsere Mütter getan. Die wollten nicht, daß wir hierhergingen. Und die Prinzessinnen sind auch nicht weg. Es sind jedenfalls die beiden weißen Mäuse – –, die da unter dem Schrank waren. Es wäre am besten, man machte einen schönen goldenen Käfig für sie und verwahrte ihn gut; denn da sie verwandelt sind, haben sie auch die Furchtsamkeit der Mäuse und würden weit in die Welt laufen.
Wir aber wollen in die Welt ziehn und alle Riesen und Zauberer besiegen, die unsere Mütter uns schicken. Dann kommen wir wieder und heiraten sie, Herr König!" Der König verstand, die Knaben waren die Rechten, nickte froh und stolz; dann streichelte der König Bick mitleidig über das wie feines Gold glänzende Haar, und sie gingen. Und kaum waren sie draußen vor der Zugbrücke, da donnerte es, und ein grauer Riese mit einem großen Schwert trat auf sie zu und holte mit dem Schwerte aus. Bald auf den, bald auf den. Sie wußten, daß sie keine Furcht haben durften, dann verging der Schlag. Hätten sie sich gefürchtet, wäre gleich noch ein Riese gekommen.
So gingen sie weiter, verdingten sich als Hirten, dann, als sie größer wurden, banden sie Garben, immer aber bei Tag und Nacht der graue Riese und das sausende Schwert. Bei der Arbeit, bei der Mahlzeit, auch in dem Schlafe, in den Traum kam der Riese.
Einmal aber, sie waren gerade vierundzwanzig Jahre alt geworden und feierten ihren gemeinsamen und gleichaltrigen Geburtstag. Da war der Riese fort. So sagten sie dem Bauern, daß sie sofort gehn müßten, und waren nicht zu bewegen, auch nur bis morgen zu bleiben. Sie gingen die ganze Nacht, immerzu nach Westen. Und als die frühe Junisonne aufging, da schien ihr erster Strahl in das Fenster des Schlosses.
Als sie an die Zugbrücke kamen, schlief noch alles. Sie riefen. Der Torwart kam brummend und scheltend und wollte nicht aufmachen, denn es war ein neuer, der die Knaben nicht gekannt hatte. „Wir sind Bick und Back. Wir wollen die Prinzessinnen erlösen." Der Torwart rief die Leute zusammen und flüsterte mit ihnen. Back fragte nach dem Ka-

plan. „Ach der, der ist ja schon längst Bischof." Endlich kam der Mundschenk, der war der älteste im Schloß und hatte ganz weiße Haare. Der kannte die Knaben wieder und führte sie zum König. Der rief die Königin – Gott sei Dank! Die Mäuse lebten noch.

Da öffnete man den Schieber, und Bick faßte hinein und nahm die . . . düstere Wissa, die aber nun nicht mehr so eine herbe, innerliche fragende Falte an den Mundwinkeln, so schwere braunschwarze Augen hatte – sondern es war Leuchten darin. Und als er wiederholte „bitte, bitte lach mal!", da fiel sie ihm um den Hals und lachte, daß ihr die Augen tränten, küßte ihn und sagte: „Herzliebster!" Und die Stimme ihrer Liebe war wie Gesang. Back aber brauchte nur zu greifen und zu küssen, und da stand es holdselig und streichelte ihn und küßte ihn und sagte immer: „O du mein Bäckelein du. Nun wollen wir uns aber gern, o so gern haben!"

Natürlich war nun bald Hochzeit, und jeder der beiden kriegte eine Krone, ein Zepter und einen Reichsapfel.

Die beiden Hexen aber wurden aus dem Turm geholt, worin man sie gefangengesetzt hatte. Man hatte sie nicht verbrannt, weil sie die Mütter der beiden Knaben waren, die versprochen hatten, die Prinzessinnen zu entzaubern. Die Zauberbücher bekamen sie nicht wieder, damit sie keinen Schaden mehr anrichten konnten; der Bischof, der früher Schloßkaplan gewesen war, kam und beschwor die bösen Mächte, die die Hexen in sich hatten wachsen lassen, und baute ihnen kleine Häuser. Als sie so gut und alt geworden waren, daß sie auch keine Kraft mehr zum Hexen hatten, da durften sie kommen und ihre kleinen Enkel sehn. Es waren auch zu niedliche Kinder: der kleine Prinz Fudri, den der liebe Gott der hellen Dissa und dem guten Back geschenkt hatte, der so für seine und Bicks Mutter gesprochen hatte, mehr als Bick selber; Prinzeßlein Lidia, des muntern Bick und der geistesschweren Wissa friedlich feines Töchterlein. Und wenn sie nicht gestorben sind, leben sie wohl heute noch. Nur die Hexen sind wohl schon tot. Oder sind sies nicht?

Vorgeschmack
(Militärisches Genre)

Es war auf dem Marktplatz zu Magdeburg. Die ganze Luft gefüllt mit dem harmonischen Zittern, das edeln alten Glokken eigen ist.
Leise streichelt die Sonne wie ein liebes Haupt die Kronen der Bäume. Vergleichbar einem gutgearteten Volk, jenem altwürttembergischen Untertanen, der sein Herrscherhaupt streichelt, das ihm auf dem Schoße über Regierungssorgen eingeschlafen ist.
Die Schule ist aus: Die Töchterschule.
Gruppen voll monumentalstolzer Mädchenfreundschaft! Dann wieder andere: es wippen die kirschrot und grünsamtenen Tornisterdeckel, den Nacken eingezogen, das Köpfchen voraus, mit schütternden Löckchen und wehenden Schwämmchen, als gälts Unterschlupf zu suchen vor prasselndem Hagelschauer, und laufend, laufend!
Da stutzt so eine und macht einen Knicks, über und über erglühend wie Ananaserdbeeren auf Weinblatt. Denn sie trägt ein grünes Samtröckchen.
Der Offizier, so ein Hauptmann in der vollen sehnigen Schlankheit seiner männlichen Erscheinung spricht mit ihr. Wichtige Dinge wahrscheinlich: was Papa macht, ob sie auch heute brav gewesen ist in der Schule.
Doch einerlei, schon die Tatsache, daß ein Hauptmann mit ihr spricht, macht sie beneidenswert vor ihren Mitschülerinnen allen.
Da – o Glück – berührt sein Finger ihr Kinn rechts neben der Backe, und er läßt sich herab, und sie macht sich groß und spitzt ihr Mündchen wie der Hauptmann seine kommandierenden Lippen.
Wieder einige Worte.
Und noch einmal mit der ganzen, siegessichern anmutigen Umständlichkeit seines Standes wiederholt der Hauptmann dieses Zeremoniell der Zärtlichkeit. Ein frommer Ausdruck der Ergebenheit tritt der Kleinen in die Augen, ihr Herzchen schlägt schneller und macht sich fühlbar. Ihr Inneres steigt in einem Seufzer aufwärts, empor zu aller Mädchen Ideal.
Und noch mehr sich zusammenziehend, innerlich schuckelnd

vor Wonne eilt sie nach Haus, das Glück, das ihr so unvermutet eben begegnet, zu künden.
Ein Vorgeschmack.
Beglücktes Magdeburg.
Ein Ort, wo ein solcher Geist der Ritterlichkeit herrscht, ist gefeit für und für. Dahinein wird nie die Pest der modernen Frauenbewegung Eingang finden, wird nie der Nietzsche, der Ibsen, der Jacobsen die Eschstruth verdrängen.

„Mir ist, als ob ich die Hände
Aufs Haupt dir legen sollt,
Betend, daß Gott dich erhalte:
So rein und schön und hold!“

Diesem Hauptmannsgebet wollen wir uns anschließen.

Vater Romeo
(Fragmentarische Fassung)

Und als wie eine Sonnenfinsternis der eiserne Vorhang sich niederließ, da verneigte sich ein schmales Cab vor dem einsteigenden Künstler und rollte leicht von dannen.
Schnell stellte Romeo seinen Gehstock in die grünviolette länglich geschwungene japanische Vase, die als Schirmständer sich alles Stabartige, das man bei sich führte, ausbat, und ging dann in ein gutgewärmtes, mit weichem Licht traut gefülltes Zimmer. Hier wärmte er zunächst seine das frostige Unbehagen des Abends wohl noch aushauchende Gestalt vor den Porzellanplatten des Füllofens und fragte leise hinüber zu der Hausdame, wie sie bei mittlerem Alter dem Geheiß des Schicksals leicht nachzukommen wissen und fremde Pflicht zur eignen machen: „Fräulein Metzner, der Doktor ist doch dagewesen?“
„Ja, Herr Scheil. Er sagte, die Sache sei nicht gefährlich, nur eine leichte Mandelentzündung.
Warme Milch, wenn die Kleine trinken will, mit zwei Tropfen Zitrone darin.“
„Ich danke Ihnen, Fräulein Metzner, und bitte Sie, sich nun zur Ruhe zu begeben.

Es ist schon spät.
Ich werde bei der Kleinen wachen."

Die Dame erhob sich vom Stuhle zu Häupten des Kindes: „Die Milch steht in der Ofenplatte im Thermophor. Gute Nacht, Herr Scheil!"

Mit leichter Verbeugung, lautlos war die graue sanfte Gestalt von dannen.

Nun waren beide allein. Mal raschelte es, kleine Ärmchen hoben sich wie Hämmer ... sie fielen wieder nieder, und weiter wie Geisterleben ging der Schlummer da im Bettchen. Dann die große Weltumwendung, das Erstaunen des Daseins, das Erwachen immer hat, vornehmlich bei denen, die nur Leben, nicht Gewohnheit sind: bei kleinen Kindern, wo ich Traum bin, Randloses, ein Meer fast der Ewigkeit!

Ihr Erstaunen ward Lächeln; sie streckte wie ihr Leben das Händchen aus und griff nach ihres Vaters Linker, der starken, schmalen, sehnig sehenden, mit dem blaugrünen Geschmeide entsagenden Blutes geschmückten Hand, wie um nun nicht mehr zu versinken, nun Halt zu haben dort oben.

Und es war ein Plaudern seltsamer Art nun, ein Gesichtszügen, ein Lächeln, bald still, bald wie ein glücklicher Glockenton und wenn Romeo alle Zärtlichkeiten aus seiner Seele in sein Gesicht hob und ein Zulachen daraus machte – dann ein Krähen, o so unbändig! Wo blieb da das bißchen Krankheit?

So eine Kinderseele nimmt es sehr ernst: Wie so forschend, wie aus Bekanntschaften weltenweiter Jahrtausende, wenn so ein paar forschendfeine Insassen im Park oder auf Schmuckplätzen von Spreewälderinnen fortgedrückt werden so kräftig, daß die Vorderräder des Wagens meistens in der Luft nach Boden schlagen, und von Kinderwärterinnen, in deren Kleidern und breiten Erörterungen der buntflache Alltag so eines heimischen in die Weltstadt verbrachten Dorfes sich verbreitet, dann forschen sie einander an, während sie so in gelben Wagen sich gegenüberliegen: „Wo habe ich dich wohl gesehn? Wer kannst du sein? Was willst du mit mir?" Und das alles so wortlos, so tiefgründig! Die Mutter kann leicht so ein guter Kamerad werden, so sie sich auf das feine Königtum junger Seelen versteht.

Und ist sie dahin und der Vater an ihre Stätte getreten, das ist dann mal so eine seufzende stille Zärtlichkeit oder so ein muntres frankes knabenfreundliches Begleiten.
Nun ist das feine Äckerchen der Seele noch rosig verwundertes Aufstarren. Bisweilen nach Kinderart ein mißtrauisch schmeichelndes Einlächeln in das Gewaltige da über ihm.
Da wendet die Kleine die Augen zur Wand.
Seine folgten.
Aha, ein Glanz, ein Glanzpunkt seines Lebens. Die Schleife hat es ihr angetan, die er nach seiner ersten Romeo-Darstellung erhielt: „Dem unvergleichlichen Romeo – Einige Verehrerinnen."
Nun dazu ist sie doch gut gewesen, die Schleife.
Er erhebt sich, der Kleinen das Spielzeug zu holen. Zugleich nimmt er sich ein Lorbeerbüschel mit zum Wehren; denn er hat schon einige Male eine von diesem warm gehaltenen Zimmer erhalten gebliebene Fliege summen hören und von dem traumblühenden Gesichtchen verscheuchen müssen, das mit seinem zarten Schlummerduft die feinen Sinne des kleinen Vampyrs heranlockte und immer wieder herbeizog.
Nun händigte er seiner kleinen Vera die weiße Schleife ein, fest schlossen sich die putzig würdigen Fäustchen darum, und einmal beruhigt im Besitz, schlossen unter tiefem Seufzen sich wieder die zwei Flachsblumenaugen, und das Kindlein bewegte sich wieder unter Ahnenbildern in der Traumwelt.
Vater Romeo wachte sinnend über seinem kleinen, liebeunendlichen Reiche.
So ein rosig Äckerlein der Seele das schlummerernste Gesichtlein unter hagebuttenrötlichem Flaum, in weißen wie säuerliche Sprossen duftenden Spitzenkissen fast ganz vergraben.
Wie sie beruhigt ruht mit der Schleife!
Wie erworben.
Ist das Vorbedeutung? Ob es sie nun schon hinzieht?
Sie hat so viel Lockendes, die Kunst.
Sie ist ja Leben.
Auch seine:
Aber sie verlockt.
Zu dem und jenem.
Besonders das mehr umworbene, nicht so selbst gehaltene Weib.

Aber hat das Leben nicht Gefahren?
Das Weib ist so flackernd, so für anderes! So leis und so bestimmt!
So will er es lieben, wie nur ein Vater lieben kann.
Vertrauend es hüten, sein guter Kamerad sein!
Noch einmal, wie von innen heraus über was verwundert, schlägt das Kind das Auge auf und schließt es wieder.
Das war die Mutter gewesen, wie er sie so oft im Auge seines Kindes sucht.
Sie ist wieder da. Unverloren. Stolzüberirdisch, hochgemut fühlt er ihre Unsterblichkeit. Sie ist um ihn nun.
Schon kommt der Morgen. Wie ein ungeduldiges Kind, ein Wecker. Alles muß helles, klares Geräusch machen. Der Osten ist eine zarte verschlafen fliederfrische Mädchenwange.
Ein Strauß Licht auf dem blanken braunrötlichen Schrank. Der übernächtige Mann geht hinzu. Dann nimmt er an einer Schnur einen Schlüssel von der Brust und schließt auf. Was für ein Geheimes, daß der Schlüssel nicht mit am Schlüsselbrett hängt? Lange steht er davor, der schlanke Mann, er schwankt, daß er sich an beiden Flügeln halten muß. Es war das Beet der Vergangenheit, an dem er stand: Die Florentinerhüte mit Bändern wie Mohn und Kornblumen im Getreide, lichtblaue, rosenträumerisch hauchwarme Sommerkleider, ein malvenzarter Sonnenschirm mit Spitzen. Und – – – wie Tau der Seele, sprengte er darüber, und die Träne entsprang wie ein verhohlener Bach, und den Mann da, der sich an den Schrank gelehnt hatte, schütterte es und mit ihm den Schrank.
Der Vater ruht. Das Reich des Gatten beginnt. Wie er so einsam ging. So ungeregt. So anders und verlacht. Fremd taucht eine Flur auf. Eine Bank. Da saß etwas. Das hielt ihn. Errötete. Eine fremde Zähigkeit, behende Kühnheit in ihm, blieb. Sonderbare Zeichen, Runen des Schicksals zieht ein Schirm – und über stummem Glück jubelten sichere Vögel.
Vera ist sein.
Nun – der Atem stockt. Über Heiligtümer schweigt (man) es, und die da das Weib zu schmähen wagen, sie die so vieler Erfahrung sich berühmen, nie haben sie es kennengelernt. Seine Verzerrung ja!

Da nimmt ein Tag da, so wie er gestern noch öde und wunderlos vor stumpfen Sinnen war, ein Feierkleid um und das Höchste an von holdwehen ungründigen Zügen, beseelte Wonnen einer hehren Priesterschaft, wie ein lebendiger Altar, in dem das Opfer des Lebens gebracht wird.
Und, dann, ja dann!
Das Opfer ist gebracht. Zwei Augen sehn ihn an, hilflos-versinkend, tiefer und immer tiefer in den Abgrund hinein, und beschwören ihn so mit ihrem Fallen: „Bleibe du! Nicht nach, nicht nach!“
O daß sie ihn nicht mitgezogen da!
Doch nein! Sie hinterließ sich ja!
Daß er leben sollte, da sie starb!
Sie hatte gesorgt. Mit ihrem Tode anders ihr Leben geschenkt. Ihrer beider zusammen.
Dann ging sie.
Ein hallender, den ganzen Morgen messender Schritt auf der Straße drunten.
Nun erst sucht er sein Lager auf, wo er allein nun ruht; sie nicht ihm zur Seite, dafür aber ganz, ganz in ihm. Mit ihr schläft er ein, mit ihr lebt sein Traum.
Eine verfrühte Orgel wimmert kläglich lebenslästige Lieder. Nicht lange wird es währen, und die Klingel wird gehn, wenn auch noch vorbei an seinem späten Schlummer, und Briefe werden einlaufen, Zeitungen mit dem gedruckten Widerhall von gestern zum Frühstück sich gesellen, zum stillblinkenden, und dort seiner harren.
Und es sind viele, viele kleine zierliche Verschwiegenheiten dabei, und sie alle sind gekommen aus jungem Blut oder unerfülltem, aus seinem Spiel, um die pochende Nacht erst zu beschwichtigen, ehe die knisternden Linnen begehrsame Scheu ruhsam sich vollendender Mädchenleben in sich aufnahmen.
Doch keine von ihnen allen wohl hat ausgeharrt wie er, der sie alle erregt.
Und diese Schwärmereien wuchsen immer wieder nach, wie Blumen im Sommergarten alle Morgen nachgewachsen sind.
Er wird die Briefe finden und sie lesen, sie leiden, wie ein feiner Mensch Zudringlichkeiten erträgt, so lang sie gut gemeint und nicht gar zu plump sind, und freundlich dankend

für das Interesse an seiner Kunst sie alle beantworten.
Nicht abenteuerlustig, wie wohl früher mal, nicht geschmeichelt mehr, sondern höflich für bewiesene Aufmerksamkeit.
Das sind so Romeos Nächte, Vater Romeos Nächte!
Priesternächte, Weihenächte der Vergangenheit.
Romeos Leben ist abgeschlossen.
Es lebt nur noch in ihr, in ihrem Töchterlein.

Einstimmiger Beschluß

Im großen Storchsaale war Sitzung.
Der Vorsitzende, ein strammer Zehnpfünder, Klein-Machnow mit Namen, schwang die Schelle wie weiland Graf zu Stolberg.
Die ganze Watte um ihn her zitterte wie Schaum, der sich von der Brandung verflogen hat und nun wie eine scheue Mädchenseele ganz Zittern und Zagen ist.
„Abgeordneter Kleber hat das Wort." Kleber begann: „Der Fall Dippold zeigt wieder einmal recht die innere Fäulnis der heutigen Gesellschaft.
Der muß begegnet werden, und zwar recht energisch.
Ich schlage vor und hoffe dabei, die Zustimmung des hohen Hauses zu finden: von nun an wird keiner mehr von uns zu einem Bankdirektor gehen. So erheben wir am besten Protest gegen die Infamie, daß man Kinder in die Welt ruft, um sie dann durch einen Hauslehrer wieder hinausprügeln zu lassen.
Solche Art Leute sind nicht fähig, sich Kinder zu halten.
Was Sie angeht, Herr Streber, der Sie uns nur mit der abgegriffenen Redensart zu kommen wußten: ‚einmal ist keinmal', und es sei doch nicht angezeigt, sich durch einen voreiligen Beschluß grade die besten Stellen zu verlegen, so stelle ich Ihnen anheim, sich auszuschließen und den nächsten Bankdirektor, dessen Wechsel fällig ist, aufzusuchen; dort wird Ihnen der gelbe Onkel schon klarmachen: einmal ist keinmal. Sie aber, meine Herren, werden die Würde der Menschheit und dieses hohen Hauses besser zu ehren wissen und durch Akklamation bei diesem Beschluß mir Zustimmung zu diesem Akte ausgleichender Gerechtigkeit geben."

Ein Sturm des Beifalls raste minutenlang, bis Klein-Machnow mit der Schelle Raum gewann für seine Stimme, und die Aufforderung ergehen lassen konnte: „Wer für den Antrag Kleber ist, möge sich erheben. Das ist die Mehrheit.
Die Gegenprobe, wer gegen den Antrag Kleber ist, möge sich erheben.“
Alle blieben sitzen, sogar Streber, was ein unauslöschliches Gelächter hervorrief.

Ein wichtiger Fund

„Ist es nicht ein Fund, ein Fund sondergleichen? Mein ganzes Vermögen hätt ich hergegeben! Der dumme Kerl!“
Und die Pantoffeln des Professors tanzen einen Kriegstanz unsäglichen Jubels, so daß der proletarische Schirm eines einundzwanzigjährigen Dachstubenpoeten Chausseestraße 98, 4. Hof, 5 Treppen links, daß der sich das feine freundliche Zimmer und den sonderbaren Herren, den er sonst nur dienstags und donnerstags von 11–12 im Collegium Maximum gesehn, mit erstaunten Blicken betrachtet. Sonst stolperte der nur jedesmal auf dem Tritt zum Katheder und legte seinen Hut so auf die Ecke, daß er jedesmal erst wieder hinfiel: „Meine Herrn! Das letzte Mal ...“
Und nun diese Luftsprünge!
Um dieselbe Stunde ging ich hin und atmete noch einmal die warme Luft des Lebens, die von allen konfektionösen Achs und Os, von allem Geflüster junger Kommis zitterte, wie ein Herz, das sich erschließen will, und plumps – lag ich im köstlichen lauen Goldfischteich, jener klassischen Stätte, den lebensmüde Berliner mit jener Vorliebe aufsuchen, die die Athener zum Feigenbaum trieben auf dem Acker des Timon. Im Versinken hörte ich noch, wie alle Paare erschreckt auffuhren, und eine Stimme rief: „Schutzmann, Schutzmann!“ ‚Kinder, regt euch doch nicht auf meinetwegen!‘ dachte ich noch, und dann war alles köstlich weich und dunkel, Sterne wollten darin sich anstecken, sie dehnten sich, strengten sich an – es ging nicht.
Der Professor hatte sich gut freuen.
Freuen, wie der Student, der junge Dichter, der seinem Pro-

fessor in Zerstreutheit nichts nachgab, dabei aber besser fortkam.

Ich hatte in der Vorkosthandlung, wo ich mir meinen Alten Mann und meine Zwiebelwurst 2. Qualität zu erstehen pflegte, ein Tagebuch abgegeben und dem Besitzer empfohlen, dieses Buch in einer Sauerkrauttonne unten hin zu legen und dann etwas Magdeburger Weinkraut darüber zu packen, wie's der Herr Professor zu Rebhuhn liebte. Nun war die beste Zeit, und Samstag war der Tag. Heute nacht würd ich ganz sicher berühmt werden.

Morgen abend 7 Uhr 15 sollte er der Köchin des Professors sagen, er hätte auf dem Boden eines Sauerkrautfasses ein Buch gefunden mit der Aufschrift: Kladde meines Lebens von einem Dichter, der heute nacht 11 Uhr sich die Ehre geben wird, coram natione germanica sich in den Goldfischteich zu stürzen.

Unter hundert Mark sollte ers dem Herrn Professor nicht ablassen.

Der Mann sah mich zweifelnd an.

„Nun machen Sies nur; schaden kanns nicht, Sie werden schon sehn."

Ich sah meiner Zeit die strahlende Freude des Mannes, als die Köchin sofort wiederkam und den Hundertmarkschein mitbrachte, den sie gegen das Buch dem Vorkosthändler aushändigte. Sah auch die Freude, mit der ein Freund und Landsmann, der cand. chirurg., mein Gehirn so vorsichtig und schwellender Erwartung voll wie das Gewand einer Geliebten hob, wie auch er jauchzte, als er die herrliche Wucherung im pons Valerii Vanoli fand und die quergelegten Rillen meiner braun-schwarz angelaufenen Fingernägel damit verglich. Ein wahrhaft instruktiver Fall!

Eine famose Dissertation für einen zweiten Freund, den künftigen Privatdozenten, den cand. Psychiatriae, der sich im Anschluß an Lombroso auf die heute in der Kritik mit Recht so beliebte Genialpathologie geworfen hat und in Psychographie Hervorragendes leistet.

Und der gute Professor, die germanistische Zierde der Alma mater, bei der ich so manches Kolleg geschunden, da das überfüllte Maximum keine Kontrolle kannte, der gute Professor Dr. Seidenraupe, ach, hatte der erst eine Freude.

Er achtete nicht, als das Weinsauerkraut auf seinen Teppich

triefte, daß Frau Professor schalt. Er hatte seine große Tat, sein Lebenswerk. Vierundzwanzig Bände hat er noch über diese jämmerliche Kladde eines Lebens geschrieben, bis er über dem vorletzten Worte des letzten Satzes die fleißigen Augen schloß. Der Satz aber hieß: So ist sie auch diese problematische Natur, von der man sich noch so mancher schönen Gabe hätte versehn dürfen, vor der Zeit von hinnen ...
Ein anderer Professor ergänzte mit ungewöhnlichem Scharfsinn den Torso und schuf damit noch einen 25. Band dieses monumentalen Werkes.
Mit wie wenig kann man doch manchem eine Freude machen, so man sich nur zu rechter Zeit zu opfern versteht.
Mit so einem Quark wie ein verpfuschtes Leben!
Vivat sequens!

Die Beiden
(Ein Gespräch aus dem Jenseits)

Goethe: Wie mich das freut, lieber Freund, daß Sie mir heut einige Ihrer wertvollen Stunden widmen wollen. *Zum Diener Engel:* Eine Flasche zweiunddreißiger Johannesberger Schloß! Mein Geburtstagswein.
Schiller: Das ist er in der Tat.
Diese Perlenmelodie! Ganz wie Ihr „Fischer".
Ein Sonnenlied innig zart.
Überhaupt Ihr Lied! Ich wüßte nicht seinesgleichen.
Eine Welt von Duft, von Feinheit, die Dinge innig zart gestaltender Macht, Geist des Goldes und ein verklärt suchendes Wittern, Schelmerei wie von Geisteskindern, einer Braut Seelenbeben in Wonne und Warten.
Sie, glückliches Weltkind, haben den Horizont aufgestoßen wie ein Fenster, das der Mai aufdrückt, und sehen so viel weiter als wir dunkeln Sucher.
Sie, der einzig wirkliche Alchimist!
Ich, mein Wallenstein, abergläubisch zugetan, ewig getäuschte Goldmacherei.
So plump und täppisch.

Goethe: Freund, wie Sie sich wieder einmal zu verkennen wissen! Durch Ihre gestaltenden Worte erst geben Sie mich mir selbst.

Ich fühle mich sonst gar nicht, finde mich so gar nichts, merke mich gar nicht, bin mir so gar nichts.

Und Sie, wo ein Aufbruch ist, wo purpurbäumend ein Sturm sich aufmacht, prächtig-fordernder lodernder Geister.

Da ist die tiefe Blut- und Feuerfarbe Ihrer reich wallenden sturmgrüßenden Worte, Ihr Sammelzeichen. In Ihrer freien weiten Besonnenheit wissen Sie zu führen wie kein anderer die Jugend, die Jugend der Völker. Gewiß, mir ist es gegeben, Menschen zu bilden wie meinem Prometheus. Aber es sind stille Menschen nach meinem Bilde. Einzelne.

Sie wissen zu scharen, sei es Empörung, sei es umschlungene Millionen, dieses stürmisch Aneinanderwirbelnde, ist das nicht etwas?

Bei Ihnen würde ich Burgunder trinken.

Und die großen Männer!

Der Wein kommt.

So, nun auf Ihren Bismarck.

Das ist so recht ein Held für Sie.

Dieser Wallenstein des neuen Deutschen Reiches.

Dieser Åse am grünen Tisch.

Das wird Meisterwerk.

Eckermann klopft an, tritt ein, will, als er Schillers ansichtig wird, wieder gehen.

Goethe: Bleiben Sie, lieber Freund! Sie gehören mit dazu.

Was wäre ich ohne Sie?

Sie erst machen mich professorabel.

Engel geht, noch ein Glas zu holen.

Null und Ziffer

Es war einmal ein Staat. Der bestand aus lauter Nullen. Lauter gesunden, runden, fetten Nullen. Nichts ging ihnen ab, und doch fehlte ihnen etwas.

Das sagte ihnen eine dumpfe Empfindung. Genauere Rechenschaft aber vermochten sie sich nicht zu geben über ihren Zustand. Preise über Preise hatten sie ausschreiben lassen und Berge von Gold dem versprochen, der ihnen Rat und Aufklärung verschaffte.

Umsonst!

Da beriefen sie eine Volksversammlung.

Möglich, daß die Gesamtheit fände, was dem einzelnen versagt blieb.

Lange blieb das Gerüst leer. Endlich hüpfte eine Null wie eine Seifenblase die Treppe der Rednerbühne herauf.

Hupp, hupp, hupp, da war sie!

Nur Stelzfüße wissen so behend zu sein.

Und sie begann mit weithin vernehmbarer Stimme. Denn was eine Null spricht, das hört man.

Und der ganze Markt setzte sich gegen sie in Bewegung, so daß viele der angesehensten Nullen ins Gedränge gerieten, darin umkamen und elend, elend zerplatztten.

Die Null aber ließ sich das weiter nicht anfechten und wiederholte: „Mitnullen! Ich bin ein Laie, ein ganz gewöhnlicher dummer Laie."

Zustimmendes Gemurmel.

„Aber gerade die Laien haben mannigmal die besten Gedanken. Ich weiß, was uns fehlt."

Hier machte der Redner eine längere Kunstpause, um das Summen der Erwartung desto vergnüglicher in sich zu ziehen. Nun fuhr er fort: „Unser sind bei sechzig Millionen. Aber wenn wir uns auch ins Unendliche fortvermehren, so werden wir auf die Weise in alle Ewigkeit keine Zahl.

Eine Ziffer fehlt uns.

Ein König."

Während er noch sprach, kam eine Ziffer zugereist, eine recht magere, heruntergekommene Eins. Der Kunde, denn es war ein solcher, stützte seinen Knotenstock unter den Berliner und sah sich das Völkchen an.

Kaum wurden sie seiner ansichtig, da bestürmten sie ihn und baten: „Bitte, bitte, sei so gut und werde unser König!"

Der Kunde zog aus seiner rechten Hosentasche ein Fläschchen mit trübgelber Flüssigkeit hervor, tat einen herzhaften Zug daraus, hämmerte den Korken mit der flachen Hand wieder fest und steckte die Flasche ein.

Dann wischte er sich den Mund ab und sprach: „Na, denn will ich mal nich so sind!"

Hierauf nahm er den recht schäbigen Filz vom Kopfe und ging in der Menge herum: „Ein armer Handwerksbursche, der seit drei Tagen keinen warmen Löffelstiel im Leib gehabt hat, bittet um eine kleine Unterstützung."
Das war die erste Steuer im Lande.
Die anderen Staaten in der Runde hörten von diesem Vorgange und verschrieben sich gleichfalls eine Ziffer.
Nun aber gabs auch Staaten, in denen Nullen und Ziffern bislang verträglich nebeneinandergewohnt hatten. Diese Ziffern bezeigten durchaus keine Lust, an die Spitze zu treten, noch weniger sich unterzuordnen.
„Wir haben keine Ziffer über uns nötig, wir sind uns selbst genug."
Da aber hieß es: „Wenn euch das nicht paßt, so schüttelt den Staub von euren Füßen und macht euch davon, denn wir wollen etwas in der Welt bedeuten, und das tun wir nur, wenn wir eine Ziffer an unserer Spitze haben – sei sie für sich allein auch noch so mager."
Daran, daß es auch republikanische Ziffern, die Präsidenten heißen, gibt, dachten die Nullen nicht und blähten sich in ihrer Nichtigkeit noch mehr auf.

Untergehende Weisheit

Ein Esel dachte. Das kommt vor. Denken ist Gehen. Oben wie unten.
Und bedauerte.
Der Gedanke war größer als er.
Und er bedauerte, daß das nicht blieb.
Eine wilde Stille, taub, betäubend, dröhnend, schneidend.
Er konnte doch nicht gehen.
Der dumme Treiber.
Seine Gedanken hatten ja den Ausweg nicht gefunden.
Der war die Hauptsache.
Hatte er den gefunden, so ging er so wie so weiter.
Daß die Menschen das nicht begreifen, daß ein Esel denken muß.
Das ist doch so natürlich.

Die wissen also gar nicht, was ein Gedanke ist.
Der Esel hatte eine Weltanschauung.
Und die war entstanden vom Kohlenkeller bis zum nächsten Kunden.
Die lautete: Es gibt zwei Dinge.
Das eine ist gut für 's Maul: es sticht, aber ist saftig.
Ganz wie eine famose Zote.
Ferner ein Ding, das ist ganz sinnlos und weiß nichts, als immer unvernünftig draufzudreschen.
Als hätte man seinen Rücken gestohlen.
Und dann gibt es Dinge, die haben vier Beine wie wir.
Aber sie beißen und machen einen ganz unvernünftigen Lärm.
Jedenfalls sind sie toll.
Und dann die mit zwei Beinen.
Die sind ja vielleicht noch schlimmer.
Erstens denken sie nicht.
Und zweitens stören sie uns.
Wenn wir gerade im tiefsten Nachdenken sind.
Stören uns mit dem Ding Nummer 2.
Dafür aber geben sie uns das Ding Nummer 1 zu fressen.
Freilich nicht genug.
Und wenn wir uns selbst was suchen wollen, so wollen sie auch das nicht und schlagen mir nichts, dir nichts zu.
Warum sind sie so und dann auf einmal wieder so – daß kein Esel daraus klug werden kann.
Das ist die Welt, soweit wir mit ihr in unmittelbare Berührung kommen.
Von den anderen zwei- und vierbeinigen Dingern und von den Dingen, die sonst noch so sinnlos in der Welt herumtreiben, können wir nichts aussagen.
Vielleicht bestehen sie auch nur in der Einbildung.
In wissenschaftlicher Vorsicht wollen wir sie das Ding an sich nennen.

O was war das für ein Jammer

O was war das für ein Jammer!
Gar nicht zu sagen, nicht zu beschreiben.
Und noch immer kann ich mich an den Gedanken nicht gewöhnen.
Ja, sie ist tot.
Nirgends erblickt man sie mehr.
Wie kann man ohne sie denn nur leben!
Ohne die Tugend!
Wo man so ganz frech, so ganz nichtswürdig das Leben liebt.
Keine Rute mehr, kein sauberes Gesicht und nicht mal ein einziger Paragraph ist übriggeblieben, die Welt zu regieren.
Und die Welt besteht immer noch.
Ja damals –

Ein Schluchzen erscholl,
Ein Schluchzen so laut,
Daß allen es tief in der Seele graut,
Als hätte der Frühling verloren die Braut . . .
Von seinen Tränen ihr Busen betaut
Und weihevoll langsam klagen die Glocken,
Das Land liegt still wie zu Tode erschrocken.
Wer kann es sein, der hier verschieden,
Wer ging hier ein zum ewigen Frieden?
Da nahet die Bahre –
Und komisch das Gefolge!

Alle Strickstrümpfe der Welt klappern, alle mageren, fadenumschlungenen Zeigefinger der Welt zeigen kläglich, arbeitend auf die Leiche, alle mageren Handrücken der Welt wackeln und alle mürrischen schieferblauen Weenen der Welt nattern darüber hinweg.
Alles Schweigen heute – kein Schnattern. Und alle die mageren Gesichter, von denen die Wangen herabgesunken sind, so lang, so lang, haben tiefgeätzte Rinnsale, und all die tiefgeätzten Rinnsale führen Salzflut der Seele, und alle die Brillen sind wie Glaskuppeln über einer Heilquelle.
Von Zeit zu Zeit brechen große Tränen aus, die Wasser der Seele fluten über und erschüttern die nun stärker, wie Mühl-

räder klappernden Stricknadeln; große Tropfen auf den Brillen verglasen für Augenblicke Landschaft und Leiche.
Und stärker knistern die Immortellenkränze in ihren Armen, die sich so feierlich abheben von den schwarzen Gewanden.
Noch immer nimmt der Zug kein Ende.
Hat denn die Welt so viel Gouvernanten, so viel alte Jungfern? So viel gestreifte und geblümte, so viel blaue und schwarze Gewande?
So viel keifende Heiligenscheine von Hauben über so viel eisgrau, strengen, scharf geteilten Scheiteln?
Wie ergreifend!
Hoffen wir, daß Freund Hain auch ihrer sich erbarmt, nun da sie ihr Palladium, ihren Halt verloren. Denn es ist die Tugend, die sie jetzt zu Grabe tragen.
Es ist das Beste für sie, nun, nachdem dieser Schlag sie getroffen.
Der Zug ist fort.
Nun regt es sich. Ein Seufzen, wie Knospen seufzen, die aufspringen.
Und junge Brüste heben sich vor schwellendem Leben, das mehr und mehr die zart runden Wangen ins Erwachen rötet.
Die Lerche wirft ihre Mütze in die Luft.
Und nun sind auf einmal zwei Sterne da, so tief erstaunt, so goldig braun!

Treue

Wie eine Rumpelkammer für Welträume sah es aus in der Höhle.
Da war als neueste Errungenschaft ein Mensch, der war so wenig einig mit sich selbst, daß sogar seine Beine vor einander flohen.
Da ist so viel Schweißiges, Mürrisches darin. So vergilbt.
Wie ein Leben, das man so Jahr auf Jahr hinschleppt, wenn man einander nicht ausstehen kann.
Aber da ist so allerlei darin zurechtgeschwollen, und wenn mal Licht kommt und neugierige Menschen unter den Fakkeln mit ihrem Stock an die Kämme schlagen – es klingt wie

eine starke Saite –, dann sehen sie noch eins so süßlich aus und böse, daß sie sich sehen müssen, und möchten sich kratzen und schneiden, wenn sie dabei nicht aus dem Bösen, Schweren heraustreten müßten, das ihnen doch das liebste bleibt.
Und den Fremden, diesen Schafsköpfen, gefällt das noch.
„Hier, meine Herrschaften, haben Sie Blumenkohl. Da Gardinen. Sehen Sie mal, wie natürlich."
Und er berührte die dünne, gelbgraue Falte, daß es ihr durch Mark und Bein ging und einen langen klagenden Ton gab.
Der Aufseher leuchtete mit der Fackel in eine finstere Ecke hinein und gab auf das Widerstreben, auf die Grimassen der nun zunächst bedrohten Gebilde so wenig acht wie ein Geheimpolizist, der ein Opfer sucht und über die dichtgedrängte Schläferschaft einer Herberge hinleuchtet.
„Hier, meine Herrschaften, der Wasserfall.
Das die Orgel.
Sehen Sie mal die Pfeifen.
Da Adam und Eva.
Und das große Gebilde da ist der Dom.
Nein, hierher müssen Sie treten, meine Gnädige, nicht wahr, machtvoll?"
„Und hier", der Führer machte eine lächelnde Pause, wie um etwas Angenehmes zu verschlucken, „hier ist das Dukatenmännchen."
Die Damen suchen zu erröten, soweit sich dies bei dem unebenen Boden machen ließ und bei dem unsicheren Lichte zur Geltung kam.
Der Führer aber brach mit dem Gewagten die Erklärung der Höhle ab, stellte sich an den Eingang, wo er sehen konnte, wieviel jeder gab, und machte seine Hand zu einer Höhle für Trinkgeld.
Nun war alles wieder dunkel und still. So still, daß die Sprache der Höhle wieder vernehmbar wurde, nun nach der Störung durch die Menschen.
Und das Zischeln ging los, das bald weich wie Schluchzen klagte, bald scharf schnitt wie Hohngelächter.
Gebundenheit, Hölle. So häßlich gedunsen sein und sich ansehen müssen macht böse.
Am meisten aber ärgerte man sich über das Brautpaar, das liebte nun schon seit zehntausend Jahren darauflos und kam sich immer näher.

Nun berührten sich die beiden Finger des Stalaktiten von oben und des Stalagmiten von unten, der Ring der Vermählung glitt darüber. Der denkwürdige Augenblick ist da, die Freude der Sehnsucht ist erfüllt und die Liebe gewachsen „recht wie ein Palmenbaum über sich steigt“.
Die häßlichen Fratzen aber trösten sich: nun haben sie nichts mehr zu hoffen, so werden sie bald sein wie wir und sich auch ärgern über das, was dann geschieht.

III

Aphorismen

„Wenn die Aufklärung Heilige kreierte, ebenso wie die Umneblung – die Kirche –, dann hätten wir sicherlich bald einen San Antonio Filippo Reclam. Ich selber würde im Kanonisationsprozeß als Zeuge für erlebte Wunder auftreten."

Ethika

Kultur muß Natur haben.
Noch einmal werden wir Wilde. Wann wir ganz reif sind.

Jeder Lichtstrahl wird zurückgeworfen und nun sollte eine Handlung draußen liegenbleiben?
Torheit! Sie kommt wieder bei uns an.

Es lebt der Mensch, so lang er irrt.

Natur, bist du klein: ein Regenschauer von gestern ist nicht im heiteren Heute anzuspüren. Ich habe alle Wetter noch in mir, und die äugelnde Sonne höhnt meine suchenden Geistesqualen.
Ich muß mich verkriechen wie ein verwundetes Tier, weil ich mir selbst nicht genüge und alles so lächerlich zerstreut ist.

Das bunte Herbstlaub!
Es dichtet wohl?
Aufgespeicherte Sonne.
Darunter Stimmenrausch des Abschieds.

Der höchste Genuß Pflicht. Menschen, bei denen Genuß und Pflicht eins ist, kann die Sitte geruhig aus der Hand geben.

Entsagen: Wollust des Demanten.

Liebe ist Luxus; so muß der Mann im Zeichen des Luxus stehen, eh bevor er freit.

Welt: Eine Dichtung in Taten.

Alles einmal in der Welt sehn: Rausch, voll Arbeit.

Wie Mann und Weib, so suchen die lebenskräftigen Meinungen einander – und fliehen sich suchend.
Sonst sind sie tote Begriffe.

Quod licet Jovi – non licet bovi.
Da irrten die Heiden: die Leidenschaften, je ausgelassener sie sind, so besser sind sie zum Bewältigen da, nicht zum Üben.

Du willst Freude? Dann steige in die Qual.
Du willst Qual, so steige in die Freude.

Es gibt Tage, die möchte man umarmen wie einen Menschen. Den Menschen, wie man ihn möchte.

Wer nicht arbeitet, soll auch nicht essen.
Wer nicht arbeitet, soll speisen.
Wer aber gar nichts tut, der darf tafeln.

Heute wie zu allen Zeiten?
Oben schwammen auf die Zweiten.

Das Leben ist ein Gewebe. Nimm etwas hinweg, und es ist kein Halt mehr. Es ribbelt sich auf bis zu Ende.

Der Schweiß ist die Träne der Arbeit.

Hohe bitte ich, Niedere flehe ich an. Das Heftige nimmt nach unten zu.

Ob das Weib schön ist? Ich weiß es nicht. Mancher Mann findet das. Dann verachtet er es und ergibt sich dafür dem Trunk oder, was noch schlimmer ist und von verhärteter Bosheit zeugt, dem Cellospiel. So rächt sich der Unselige an der Menschheit.

Das Weib ist Sonntag, der Mann Alltag.

Ecce poeta!

Schauen beim Dichter ist Lieben.

Echte Dichtung hat etwas Gewordenes, etwas Daseiendes: jedes ihrer Gebilde fühlt sich fest, fühlt sich gegenständlich an aus den Worten.

Der Dichter ist der Merlin, verloren in der Natur, sie zu enträtseln. Da gibts keine Weißdornhecke, die ihn schirmt. Der Himmel hat keinen Tau für ihn.

Meine ganze Schönheit möchte ich enthüllen, aber versteht ihr die Schaumblüte des Lebens?

Was sich von der Welt in uns verliebt, das wird Schönheit.

Ich bin, also ist Schönheit.

Eine Empfindung, die zu Gedanken, ein Gedanke, der zur Empfindung gerinnt; ein weises Gedicht.

Nimm alle großen Werke, sie führen die Sprache des Schweigens, des Werdens. Schweigend sind sie gewonnen, schweigend gestaltet. Es ist wie beim Heben eines Schatzes. Ein Wort daneben, und rasselnd sinkt er zur kaum entstiegenen Tiefe.

Dichten, wie ichs verstehe, heißt nicht schöne Worte, heißt schönes Leben machen.

Dichtung – in aller Kunst – verklärender Raub, hinreißende Liebe des Geistes.
Blühende Gewalttat.

Lied: Eine tödliche Innigkeit. Nachtigall, die vor Seele stirbt.

Lied: So was Ungeheures an Seele. Wie unterfang ich mich, darnach noch zu leben?
Alle Liebesgewalt der Welt, das muß ja diesen kleinen grauen Körper sprengen. Sangesheld!
So stirb du vor Gott: Empedokles!

Unschuldige Tyrannen. Sich leidende. Das sind die Dichter.

Der Dichter ist das Erzeugnis und der Gegner seiner Zeit im Sinn der Zukunft.

Die Form kann nicht den Inhalt geben. Wohl aber kann und muß der Inhalt die Form aufheben.

Die Sprache ist der Frühling des Geistes:
Grün ist die Zunge des Maien.

Gelehrter, Bedienter – wie das schon passiv klingt!

Der Humor ist der Modelleur der Welt.

Witz: Es gibt davon auch eine rohe Form. Die ist physiologisch, ein Jucken des Geistes.

Ein echter Dichter haßt nichts so sehr wie das Poetische.

Dichter, bist du ein Pedant! Welches Gewitter registriert seine Blitze!

Poetische Blätter sind Tattersalls für die Sonntagsreiter ihres Pegasus, des lammfrommen Mietsgaules der Lyrik verfertigenden Konfektionsbranche.

Nicht jedes Verbrechen in Marmor ist ein Standbild.

Standbilder kranken erst an ihrem Helden und dann am Künstler.

Philistermoral

Dichter am Morgen, Kummer und Sorgen. Dichter am Abend, erquickend und labend.

Dichternoten

Wieland: Magister der Venus.
Paul Heyse: Wieland der Psyche.
Novalis: Goethe der Seele.
Goethe: das wache Selbst.
Goethe: vorsichtige Schönheit des Lebens.
Hölderlin: so ein hellenischer Mönch.
Jean Paul: Studierstübchen mit Feenpalästen oder die gelehrte Märchenwelt menschlicher Unendlichkeit.
Schiller: Feuersbrunst der Kultur.
Grabbe: Verwitterungsseligkeit.
Otto Ludwig: Tragödie des Humors.
König Lear: Tragödie des Königs. Stirbt am Zeremoniell.
Peter Altenberg: Rezept die Welt zu sehen.
Strindberg: dämonischer Naturbursche.
Wilhelm Raabe: Staatsanwalt Simson. Jean Paul zur Zeit der Moderne. Beschauliche Weltlust vom Harz.
Gerhart Hauptmann: Rübezahl im Armenhause.
Maeterlinck: verschlafene Kutscherstube up stairs oder die lallende Beredsamkeit.
Eduard Mörike: Vikar Katull.
Arno Holz: künstlerisches Lächeln, soll sieghaft sein.
Prevost oder die geknickte Lilie.
Max Halbe: dramatisch geheiztes Idyll.
Paul Scheerbart oder die greise Indianergeschichte.
Multatuli: der Überbeamte der Menschlichkeit.
Ludwig Fulda oder der parfümierte Sturm.

Enzyklopädie der Kleinigkeiten
(Eine Auswahl)

A

Abscheu

Die Zartnervigen sind nicht immer die Reinsten. Zwanzig Jahre Beschäftigung der Edelsten mit den Abscheulichsten wäre für die Lebensläuterung besser als 200 Millionen Jahre voll Sittlichkeit und Schönheitslehre. Bemerkenswert, daß man beim Speisen am sittlichsten ist. Zusammenhang zwischen Gaumen und Gewissen wäre zu untersuchen.

Michel Angelo

So laß mich mit dir ruhen, du kulturherber Stein, du Leib der Stärke, der du türmst und wälzest alle Wucht des Leibes und der Seele, auf dem starken Nacken Tempel trägst zu Ehren des Allmächtigen!

Antisemiten

Das Moderne: „Hie Welf, hie Waiblingen!“ sagt uns höchstens, daß wir unsere sogenannte Zivilisation nur gewaltsam aufrechterhalten und daß wir mitten im neunzehnten Jahrhundert wieder mitten in die Roheit alter Vorurteile zurückfallen können. Wir reißen eine Wunde, die im besten Heilen war, auf – und geben unsern Nachkommen an den Übeln, die wir in den Juden nun wieder zu erregen Miene machen, wieder Anlaß zu neuen Mißhelligkeiten und Unzufriedenheiten. So werden weder wir noch die armen Juden jemals zur Ruhe kommen, wir müssen hetzen, und sie müssen uns dazu anregen. Von allen Gründen zum Judenhaß sehe ich nur den, daß die Folgen, welche durch verkehrte Behandlung der Juden – Gewinnprivilegien mit Verachtung, jetzt etwas fühlbar werden. Zu den Roheiten des Pöbels und der Gebildeten sehe ich keinen Grund und muß um so mehr die anständig gescheute Verhaltungsweise der Juden bewundern. Philosemit, ob ich es bin? Ich weiß es nicht, nur steh ich gern, wo verfolgt wird. Da geschieht viel Unrecht, und dagegen muß ich protestieren. Um so mehr aber finde ich es angezeigt, gegen die Börse, welche mit ihren Schwankungen und Lügen den Wohlstand strebsamer Leute ins Schwanken bringt, vorzugehen und die Entwertung der Arbeit, der Ehrlichkeit und des Vertrauens durch gewissenlose Schufte, welche die Erwerbsgüter ganzer Betriebsamkeitsbezirke zur Prise einer gewissenlosen List machen wollen, nicht ferner zulassen. Hier bedarf das Strafgesetzbuch entschieden einer Erweiterung, um abgefeimte Betrüger nach Gebühr behandeln zu können.

Arbeiten

ist bei sich selbst sein.

B

Bildung

Die Bildung physiologisch, in ihrem Werden gefaßt, ist langsame Nervenveredelung, Fügbarkeit des widerspenstig ungemäßen Selbst unter dem fast noch unmächtigen Mechanismus des Willens und Urteils – weil wir diesen noch so wenig gebraucht haben und ihn darum kaum vorhanden wissen, nennen wir ihn noch Geist.
Liegt dieser Mechanismus bei anderen, machen ihn diese gegen Untergebene geltend, so haben wir den Gehorsam den leichteren Grad des Kommandos, weil sich dieses deutlich und unabweislich geltend macht. Im Zeitalter der Selbstbestimmung ist auch das Wort „Obrigkeit" ein Unsinn.

Badegäste: Dekoration der Kuranlagen

Ernst und betriebsam, bedächtig putzen sie sich heraus, wie eine gemietete Empfehlung der Badedirektion – Bekleidung der Anlagen.

Beichte

Hat schnell unpersönlich, ungefärbte, dazwischen gesetzte Worte. Hier sind die Erklärungen unparteiische Bestellungsworte. Auch die Bitte in Wort und Schrift sucht, sich stets die beste Stelle aus; um schnell und ungestört überzugleiten in den andern.
In Briefen dicht am Ende nach guten Aussichten vor dem Zug letzter zärtlicher Versicherungen und Grüße. Es ist da sicher ein Gesetz für Anbringungen, ein goldener Schnitt des Peinlichen.

D

Darwins Abstammungslehre

ist der Monotheismus der Schöpfung. Er hat diese zu der Einheit geführt, zu welcher die Anerkennung *eines* Gottes den Schöpfer aus den Naturreligionen emporzog.

Dichtung

ist die Mathematik der Wirklichkeit, daher Bedürfnis nach dem poetischen Gravitationsgesetze, dem Tragischen.

Der Dampfwagen

ist ein verbissen vorbeirasselnder Kampfknäuel feindlicher Elemente.

Demokratie in der Natur

Die Welt droht mit Demokratie. Vielleicht schlägt dieselbe gar auf die Natur über, oder sollte die nicht auch das Fieber bekommen, was in der Luft liegt. Und das wäre doch entschieden nicht gut, daß die Natur demokratisch würde. Mancher Wintermorgen sieht so hellgelblich scharf aus wie Branntwein. Das möchten manche Schreier gewiß gern. Die Natur ist so wie so demokratisch genug und treibt viele Feine auch zum selben Schmutzigen mit dem Pöbel.

Drehorgel

Mühle der Kläglichkeit!

Dinglaute und Dinggedichte

Die graziöse Inkongruenz, die Einzigkeit der Dinge muß auch durch den Laut gegeben werden. Kühn versuchen! Mit jedem glücklichen Treffen mehren sich die Berührungsstellen von Klang und Sache. Der Klang wird dann gerade wie von der Sache kommen. So Dichten macht frei, kühn und fein.
Unter Heurekasignalen zwischen den Suchern geht es immer weiter. Was sollen uns alkäisch und asklepiadäisch? Ich liebe und schätze diese Maße, aber nur im Griechischen, mit dem ersten Studium ihrer Tonschöpfung zur Seite. Sie rufen einen Gelehrten herbei: Aber nachahmen? Oder die deutsche Tanzweise, Ballade, Leis und Lied? Und die Nibelungenstollen? Ich sehe den Sänger mit der Harfe, und so habe ich keine Lust, barhändig nachzutun. Wir haben die Dinge und die Erkenntnis und müssen daran unsere Weise finden.
Indessen mag hier eher eine Entdeckung das Richtige finden, als eine Untersuchung es klarlegen. Es ist eben eine Frage, die durch einen Lichtblick entschieden werden muß.

E

Erkenntnis

Wir wollen Aufschluß von der Natur durch Studium, indes manche Erläuterer werden mit Goethe nicht fertig, und der sie angeführt hat, lacht sie aus. Ich habe die Natur stark in Verdacht, daß sie auch ein wenig goethisch ist.

Erde

Der Mensch ist eine Erde, seine Haut eine geronnene Kruste – je älter der Mensch, desto tiefer in seinen schlaffen Fasern wird er Haut.

Epos

Warum ist wohl Homer, aber nicht Dante ein Epiker? Weil die Gedanken verändern, nicht aber Fühlen und Leben, und weil die Sitten dem Leben näher liegen als Gedanken und Religionen.

Elegie

Die deutsche Elegie kündigt sich in der nun wachsenden deutschen Dichtungszeit an. Sie wird nicht in Distichen sein und nicht mehr lediglich persönlich-sinnlich, in Italien spielen wie Goethes, obgleich der italienische Boden anziehend und als fremd empfunden zugleich treffend die deutsche Natur, die dort genoß, widerspiegelte.
Auch wird sie nicht patriotisch sein, das Wort „Vaterland" wird nicht darin vorkommen.
Wo der Geist ist, kann das Wort fehlen.

Das Malaiische Epos

Im Epos sprechen die Dinge. Behagliche Wiederholung der zu den Sitten gehörigen Bewegungen im festen Ton, zur Vergleichung dienen die Erscheinungen des Landes.
So sind sich Homer und der malaiische Dichter gleich. Nur der Charakter des malaiischen Helden ist feiner, edler, hat etwas Indisches.

F

Farben

sind nur eine Freigebigkeit, ein Almosen der Dinge.

Feinfühligkeit

ist Leben an gewöhnlich toten Orten.

Familie der dichtenden Künste

Wir finden nur die Kinder zu Hause. Die Eltern sind vielleicht augenblicklich ausgebeten.
Das Drama, das Spiel hat immer das Wichtigste; ein Bedeutendes muß unausgesetzt eine vorzügliche Gelegenheit haben, an welcher es sich auszuhandeln hat.
Im Epos muß Bedeutendes sich bequem, vertrautgroß in bescheidenen Klängen nahen, im Roman Bequemes zum Bedeutenden sich bilden.

Fortschritt

Ich glaube nicht, daß wir bereits so vollmenschlich sind, daß wir alles um uns vollmenschlich haben müssen. Fordern ist leichter als Werden.

Freiheit

Erst wenn unser Leben allgemein zu rein, zu vollkommen ist, irgendwelchen Zwang zu vertragen, dann wollen wir diese Ansicht aussprechen, und kein Herrscher würde sich alsdann weigern, der höflichen Erinnerung Folge zu geben. Revolution in Glacéhandschuhen.
In der Freiheit der Schreier liegt die Unfreiheit der Gehaltenen.

Freigebigkeit

ist eine verdächtige Tugend – mannichmal nur eine ausübende Naschsucht.

Falten

sind die Ruhe, die Erholung des Denkens. Kein Forscher, kein Künstler, der es ernst meint, der sein Gehirn anspannt, in den Stunden des Schaffens wird sie sich ersparen können. Sie sind früher schon sichtbar, wie der Mond am Tage. Falten sind die Linien vom Schreibebuch des Geistes.

Freundschaft

Wohltätig, körperlich Jugendgefühl des Eigenen macht ihre sinnliche Merkbarkeit aus. Ohne eine gewisse Wahrnehmung, ein Schmecken der Eigenheit würde man sie vertrocknet finden. Alte Freunde haben doch noch immer etwas Frisches, Jugendliches, Knabenhaftes in Aussehen und Gebärden.

G

Geschichte

Wir müssen eingießen, der Tod gießt aus und macht dann unter chemischer Verdampfung Präzipitation die Geschichte, das ist Liköre und Haaröl für die Gegenwart daraus. Dieses Haaröl nennt man dann Moral. Die Haare wachsen aber nicht danach.

Gerichtsdiener

Warum betrinken sich die Gerichtsdiener? Aus Wohlwollen und Menschenliebe, weil sie von der Liste führenden Vorgesetzten, Botenmeistern immer wieder gegen das Elend angehetzt werden. Die nicht trinkenden sind die härtesten.

Geselligkeit

frischer Sinne Austausch.

Genußsucht

Ausspürung und Pflege von Feinheiten. Auch das sogenannte Gute muß sich als köstlich in diesem Bereiche ausweisen. Tugend ist oder wird später die größte Genußsucht sein, wann das Rohe ekelt.

Gelegenheit

Trost derer, die keine Gelegenheit haben, zu sehen, daß solche, die davon hatten, selbige nicht benutzt haben.

Geiz

ist subjektive Armut.

Gewaltsamkeit der Erstlingswerke

Durch wilde gewaltsame Aussprüche muß man erst seine Richtung angeben. Das Originalwerden ist wüst – siehe Schillers Räuber, und es hat sicher dem nachmaligen Telldichter Überwindung genug gekostet so zu schreiben. Ein Erstlingswerk schreiben ist oft, aus seiner Natur gehen, um alsbald nach außerhalb eingenommenem Sitze dahin zurückzukehren.
Der Torwächter will nicht öffnen, so nimmt man Dynamit und geht durch die Bresche ein. Dann kann man auf dem eigenen Wege ruhig fortfahren. Dann hat auch die leiseste Bewegung ihren schon verstandenen Sinn. Ein bekannter Autor kann, was er früher auf Lärm setzen mußte, nun auf stille Kunst wenden. Dann kann die Gesinnung wohl maßvoll, friedlich fast, nie aber dem früher Befeindeten freundlich werden aus Ästhetik, Apostasie bleibt Apostasie. Gottschall ist kein größerer Künstler dadurch geworden, daß er Hofrat und Baron zu werden vermochte.

Gesellschaft

Sprache ist schon Gesellschaft. Wer deutlich angenehme Laute spricht, hat auch andere Eigenschaften gebildet und ist anderem etwas wert.

Ganze Menschen

bleiben nicht vor dem, nicht auf dem Verfänglichen stehn, sondern gelangen dadurch zur befestigten Reinheit.

Genauigkeit

Je tiefer man eindringt in das Wesen, desto weiter ist man noch davon ab. Das kann man an Turgenjew sehen, der auf schließender, fatalistisch gesammelter Beobachtung steht. Mehr noch an Zola. Turgenjew: Tod, Zola: Zersetzung und

Verwesung. Sie gehen aus alten und stürzen sich in neue Unbegreiflichkeiten. Die Undeutlichkeiten der Deutlichkeit sind hoffnungsloser. Sie verlieren, sie zerstreuen sich eben, und die anderen, ideelle kommen zum Lösen. Wenn ein Schulwort beruhigt: Das eine ist synthetisch, das andere analytisch.

Gelehrte und Stil

Die Gelehrten müssen ihre Sätze aussprechen, und die Stilkünstler müssen sie entbehrlich machen. Durch Zurechtlegen fürs Selbstfinden seitens der Leser.

Geometrie

ist die Logik des Raums.

Gravitation

ist der Schatten eines dichten Gesetzes.

Das Glück

Es ist wunderbar, wie phlegmatisch das Glück ist. „Komm nun, oder ich tu mir ein Leids an." – Schadt nichts, und das Glück wendet sich nicht so viel.
Darum mag es noch kommen, wenn der Mensch längst nicht mehr ist. Darauf achtet indes der merkwürdige Patron nicht, sieht nicht einmal auf, legt hin, was er mitgebracht, und geht sonder Verwundern, sonder Bedauern hinaus.

Gläubiger

Man muß sie meiden, ihr Umgang verdirbt, denn die Unseligen haben sich nicht entblödet, Vertrauen zur Menschheit zu haben.

Geschichte und Gedächtnis

Ist Gedächtnis nicht subjektive Geschichte, Geschichte nicht objektives Gedächtnis?

Das Ganze

Oberflächliche Menschen haben es leicht, freisinnig zu sein. Erkennt das Ganze irgendwelcher Einrichtung, und es gehört schon Geist und Gegenwärtigkeit der Gründe zur Widerlegung. Man muß erkennen, daß ganze Lebenswirklichkeiten darin liegen, und um das, wo sich Tausende von tüchtigen Naturen unbefangen verhielten, muß man bereits sehr verbessert sein, um es darin nicht aushalten zu können.
Hätte sich die Französische Revolution gefragt, ob sie wirklich ein sittliches Bedürfnis fühle und in längerer Knechtung ein sittliches Unrecht erleide, jedenfalls hätte sie alsdann nicht einige Jahre später sich Napoleon zur Haft stellen zu brauchen.

Gesicht

Vom ganzen Körper wählen Nackte, und zwar Naive, wie die ägyptischen Badenden oder Geriebene, wie die zustimmende Phryne ihr Gesicht zur Bedeckung. Unsere Gleichgültigkeit gegen dasselbe und unsere Neigung zu niedrigeren Partien, mindestens niedriger gelegenen, kann hier nicht mitmessen, denn durch offene Verstecktheit und geheime Gewohnheit ist unsere sinnliche Uhr unherstellbar verdorben.

Gesellschaften

Der Mensch sollte von seinem Hause lernen, das nur nach innen freundlich, nach außen gleichgültiger sich verhält. Wo ist ein Haus, dessen Tapeten an der Straße sitzen, dessen Sessel unter den Fenstern stehen, während die scharfen, rohen Ecken der Quadern in die Zimmer schneiden? Und wie ist mancher liebenswürdige, ewig heitere Gesellschafter zu Hause gegen Frau und Kinder?

Glaube

Unser Glaube ist der Gewandssaum für den nächsten Aberglauben.

Griechenland

Kunst und Genuß – und die waren in der Antike enger vereinigt, für den Harmonischen eigentlichen nur dasselbe – äußerte sich bei den Hellenen eher als schönes Verlangen, bei den Römern ward es dann Genuß. Rom genießt, wo Griechenland ersehnt.

H

Heilkunde

Mit der Heilkunde haben die Krankheiten zugenommen, weil die Furcht nachgelassen hat. Doch die Gefahren haben sich vermindert.

Hirnarbeit

ist Nervenveredlung und Einzelbearbeitung der Welt für künftige Generationen zum schnelleren Orientieren.

Höfe

Im allgemeinen ist es richtig, die Literaturgeschichte nicht nach der politischen einzuteilen, indessen die Euphuisten unter Elisabeth und die klassischdramatische-gefällige Literatur unter Frankreichs beiden letzten glücklichen Ludwigen, der Weimarer und der von Este-Hof haben dann doch ihre Dichter ebenso sehr gebildet als gehabt.

K

Klavier

ist ein klingend Veilchen.

Kraft

Kann man mit Übung und Kraft nicht das Schicksal verjagen, dann ist in der Tat die Erde das unseligste Institut.

Kritik

Echte Kritik muß etwas Medizinisches, etwas Physiologisches, etwas Anti-Pathologisches haben. Muß heilend und hilfreich sein. Es ist nämlich nicht nur abstoßend, es ist auch ein Leiden, wie schlecht zu sein, so auch schlechte Bücher zu schreiben. Die muß man in die Kritik berücksichtigen und zu lindern versuchen.

Kellner

Die Kellner mit ihrer permanenten Verbindlichkeit, ihrer Unkindlichkeit vom Mutterschoß an, ihren Gebärden, ihrem Aplomb lang vor dem Charakter sind bedauernswerte Geschöpfe. Die Servilität dieser eingeengten Geschöpfe der Etikette muß einen Menschenhaß zuwege bringen, der sich oft in Schlägereien löst. Sie nahmen X-Beine an aus ermüdeter Anmut, Gemächlichkeit der Grazie. Wenn es sie aus ihrem Prokrustesbett zu Entartungen, Wildheiten drängt, so möchte ich für die Armen ein besonderes physiologisch wahrnehmendes Strafgesetzbuch vorschlagen. Auch Kaufleute, Diplomaten besonders haben dieses Stundenglas der Verbindlichkeit. Alle die, welche zuviel anmutig weltmännisch stehen und dabei den Berührungspunkt breit anlehnen, als lehnten sie die eigenen Beine an sich.
Alle sie laufen, wenn das Stundenglas abgelaufen ist, wie Kinder aus der Schule ins Entgegengesetzte, ins Rohe, Debauche oder Frömmelei. Diplomatie vor sechzehn Jahren verbürgt dauernde Dummheit. Die diplomatische Gruppe, deren Gebärden viel von X, Y, Z haben, kommandieren vorzüglich die Algebra, am hervorragendsten die Addition.

Komödie

ist nur die rechte Perspektive für eine bedeutsame Erscheinung.

Kartenspieler

Solange man Karten spielt, solange lasse man die Menschen gewähren.

Veredelungsversuche sind heller Wahnsinn bei diesen stumpfen Naturen, die bei der Karte lebendig werden.
Ein Märtyrer bei Trumpf, warum sie insultieren, sie werden doch nicht besser.

Kritik

Wir finden vieles schlecht, weil wir schlechte Kritiker sind. Sind schlechte Kritiker, weil wir schlechte Freunde sind. Freundschaft macht Kritik, oft auch Kritik Freundschaft. Macht sie Feindschaft, dann taugt entweder die Kritik oder der Kritisierende nichts.

Krieg

und Hetzerei jeglicher Sorte ist Heimweh nach dem Wüsten.

Käufer

Wer einen Shakespeare, einen Goethe, einen Äschylus, einen Shelley oder Swinburne kaufen kann und wählt dich, Neuling – und wäre es auch nur einer, es ist schon eine hohe Ehre. Er erhebt dich damit über alle andern. Weil der Büchermarkt immer neue Lagen auf den Markt schüttet, so sehen die älteren Berühmten, daß zu ihnen nur noch sehr selten eine Hand hinuntertastet. Es liegt schon zuviel dazwischen von starren zähnigen Bücherecken. Es wird oben abgenommen, unten steht die Bedeutung still unter den Zacken und Verzahnungen immer verbissener sich haltender Bände. Man greift nach dir, weil du oben liegst, später liegst du unten, entsage dann, wenn die über dir es leichter haben, auch deinerseits.

M

Mangel

Mangel ist Unkenntnis und als solche entsetzlich.

Moden

sind Variationen über die Etüden „das Leben".

Medizinisches Zeitalter

Ein solches naht heran, physiologisch, medizinisch wird alles erledigt werden, womit sich Moral, Jurisprudenz, Pädagogik und Theologie vergeblich oder mit doch nur unvollkommenem Erfolge abgegeben haben.
Alles Verkehrte, was im Menschen steckt, muß so hinaus kuriert werden wie eine Krankheit, so sonder Zetergeschrei und Entrüstung, so auch ohne Schonung und Rachsucht.
Geiz, alles ist so etwas Verkehrtes und nur von seiten der Gesundheitslehre zugänglich. Ich weiß nicht, was das Verschweigen für einen Zweck hat. Es macht uns doch nicht besser.
Moral, wahre Schwärme von Moral sind in allen Jahrhunderten über die Welt gezogen.
Erörtern, Arzneien ausfinden und die anwenden! So wird die Hypertrophie gewisser Stellen im Gehirn, von Nervengruppen, anders ist ja doch ein Hang nichts, beseitigt und das Allgemeinbefinden verbessert.
Vorurteilslose Einsicht muß zum Studium der Besserung dieser verworfenen Gebilde sich annehmen; ärztliche Wißbegierde erst das Abscheulichste vor sich legen und untersuchen bis zum Verstehn, trotz eigenem Ekel und fremder Heuchelei.
In der Dichtkunst wird sich diese heilsame Richtung hoch poetisch in der Komödie zeigen, nicht mehr nur national wie die des Aristophanes. Indes so gewaltig fassend, so mächtig das Gut und Übel gestaltend wie diese Meisterwerke. Allgemein menschlich, werden die Gebrechen der Zeit am besten gezeigt, am ehesten gemieden. Vor der Komödie wird auch das Zusammenbrechen – was eine Satire noch vortragen kann, die ist nur privat-pamphletig, der kann man die privatheuchelnde Stirn bieten. Vor innerst prüfender Kunst; vor einer großen reinen Komödie wird auch die frechste Gewohnheit das Gesicht verhüllen.

Mensch

Des Menschen Natur ist Kunst und Bewußtsein. Der Mensch ist eine Pflanze, er kann sich nicht allzu weit von seinem Klima entfernen. Er spürt es.

Muttersprache

Auch der Zungenfall sträubt sich gegen Nachahmung. Die Malaien haben guten Willen, sie nehmen Kultur in vollen Zügen in ihre Sprache auf. Sogar unser „Stiebel"; müssen aber „persent" statt „present" sagen, „bor" statt „fore" sagen.

O

Othello

Ein weinend einschlagendes Gewitter.

Ohr

scheint in seinen Windungen den Windungen des Wortes, der Unzuverlässigkeit der Zunge nachzugehen. Es hat die Windungen des vorigen Organs, ist die Mauthnische der Sprache.

Onanie und Prostitution

Die Onanie ist ein Nebenbett für den Fluß der Gattungen. Um das veruntreute an zurückgebliebenen unzweckmäßig umgesetztem Leben ist der Menschenwert betrogen. Dazu kommt nun noch die ohne Entgelt in die Prostitution geschleuderte Vortrefflichkeit. Geldlicher Verlust ist Bagatelle daneben. Leidenschaft wird groß durch die mächtigen Gefühle, hat eine eigene Buße und Sühnung. Nun denkt man, ist die Menschheit wieder neben ihr Urbild zu lenken?
Welche Abweichung sollte der Sextant ausweisen?
Ich habe Fremdwörter gebraucht, in der Hoffnung, daß sie dann gleichsam außer unserer Mitte bleiben und daß mal daraus Fremdlinge werden.

Ort der Anwandlungen

Es gibt Hecken und Aussichten, Feldwege, von denen aus die Gegend ein episch großgesammeltes Aussehen annimmt. Hier hatte man schon früh die Stimmung, dereinst wieder da schreitend Dichter zu sein. Weite braun-bleiche Säume schlug das Korn, die violetten Raden flüsterten, ein Heimchen zirpte, weit außen schritt die Welt vorüber. Man memorierte ein reifes, zereales Gedicht von Schiller und schrieb sonderbar erschreckt in sein Tagebuch, „... mir war so sonderbar, so still, so eigen, alles so fremd und nahe, als hätte die Muse mich auf die Stirn geküßt ...“ Und man wird Dichter, aber anders. Nicht episch-idyllisch, wie man einst so nahe zum Greifen das gesättigte Leben vor klarem ahnenden Jünglingsauge sah, gleich einem sonnentrunkenen Falter. Nein, man wird geworfen, getäuscht, fällt, durch den Fabrikrauch der Stunde kommt man vielleicht einst wieder dahin – nach Kämpfen, die bereits alle Poesie genommen haben, ehe man sie antritt.
Ähnlich gibt es auch ein Tal der Versuchungen, einen Berg des Ärgernisses, wie ein solcher im deutsamen Frieden der Legendenlandschaft von Jerusalem heißt. Den Morgen, den man schon früh verließ, sieht man erst als Nachmittagssonne, verändert, spät und umgestellt wieder.

P

Poesie und Wirklichkeit

Manche Poesie kann nicht vertragen, daß sie die Wirklichkeit wird. Homer nennt die feuchten Pfade des Meeres. In Holland gibt es solche Wasserstraßen, Siele, Kanäle, Grachten. Sind diese poetischer als die uneigentlichen des weitbegrenzten Meeres?
Ich finde das Uneigentliche, das Homerische mehr der Bezeichnung entsprechend, mehr „feuchten Pfad“ als das ganz genau nach der Bezeichnung gegrabene Bett der Holländer.

R

Reim

Der Reim ist wie die Ehe; hat mans einmal angenommen, muß mans auch fortführen.

Reue

Ein Mensch, der schon bereut, ist verloren. Durch die Reue wird der Mensch immer schlechter. Ein Reuiger ist mit dem Niedrigen schon vertraut. Er nimmt das Böse, den Schaden in Tätigkeit, in lauter kleinen Schlückchen und Bissen und verdaut so vorzüglich. Im ganzen, ohne Unterbrechung das Böse auszuführen, ist schon schwerer.

S

Sturm und Drang

Das Elisabethanische Zeitalter ist der Sturm und Drang in der Dichtung, der Deutsche mehr in Gesinnung und Richtschnur, um danach zu leben. Goethe war der Napoleon der literarischen Revolution, Diktator und Empereur.

Selbstgefühl

Möchte wissen, wem Selbstgefühl je geschadet hat? Solange man schafft, steigert es den Eifer und das Zutrauen. Höchstens wenn man sich sagt, man will nichts mehr tun, erst dann wird es überflüssig und ärgerlich.

„Schweizer"

Ich glaube, daß nur die Schweiz unbeschadet ihrer Freiheit, die durch Granson, Sempach und Murton unvertilgbar geworden, so viel „Schweizer", Lakaien, Kellner und Köche liefern kann. Diesem freien Mutterlande kann die Dienstbarkeit der einzelnen nichts mehr anhaben. Was im gesamten frei ist, darf sich im einzelnen knechten, während Gesamtknechtschaft vieler Freien bedarf.

Sinnlichkeit

ist trauliche Vorhandenheit ohne Gespräche.

Sinne

Wir müssen neue bilden, nur sie erhalten das Leben federkräftig.

Schreier

Unerträglich ist die Tyrannei der Schreier. Kaum daß sie einen Aufstand ihres ungewaschenen Geistes und ihrer vernagelten Einsicht eingefädelt haben, wollen sie gleich alle, die es mit der Freiheit gut meinen, zu Dienern des Kindleins. Ein tüchtiger, freier Mann wird es beurteilen, ob der Aufstand begründet, reif, ob er vornehm und nötig ist. Ein Aufstand sonder richtiger Gelegenheit, Ziel und Führer ist ein dummer Streich. Etwas Unanständiges.
Darf aber ein bedeutender Mann gezwungen werden, sich zu blamieren im Namen der Freiheit, sie fahre.

Sein

Man ist allemal fast gerade das, was man nicht scheint.

Stil

Der Stil ist die Hilfe der Wirklichkeit. Dem Starken überläßt er seinen eigenen Platz, das Feine stellt er bestimmt und das Gewöhnliche erhaben. So übt er die Kunst, auch über alles zu schreiben, allem eine neue Seite abzugewinnen.
Stil ist der Brennpunkt der Wirklichkeit.

Schmetterlinge der Menschheit

sind die Chinesen und Japaner. Haben so ein stilles honigträges Gesicht.

Der Schuldner

fühlt sich beim Besuche eines höflichen Gläubigers wie eine Taube, welche die Habichtshöflichkeiten aus weiten Kreisen doch auf vorschmerzenden Punkt enger niederkommen fühlt.

Die Sonne

Auf jeder Erde wird anders gelebt, die Sonnen machen die Moral. Wir fühlen, trotzdem wir mancherlei denken, die Sonne geht uns an. Gefährlich genug, die Astronomie! Sie sollte besser verboten werden.
Wenn sie gilt, was sagt dann der Gott über und der König unter ihr?
In den Plejaden soll wieder die Sonne der Sonnen stehen. Ob diese nun die ganze Welt mitfaßt? Achse oder Axe, Ball oder Gesetz.
Vielleicht ist dort, was ist.

Spielen

Alles Spielen ist ein handelndes Vergleichen.

„Stimmchen"

Mannichmal ist es wirklich keine Stimme, die da spricht, sondern ein Stimmchen, ebenso wie ein Knabe kein Herr ist. Dann muß man es setzen, trotzdem man das Läppische der Verkleinerung noch sosehr haßt.

Schleier

Die Verschleierung der türkischen Frauen? Ich finde sie so gar übertrieben nicht. Ein Mädchen ist mehr nackt mit den Augen als mit dem Körper. Wenigstens denken die ägyptischen Jungfrauen so. Von einem Fremden überrascht, halten sie ihr Kopftuch vors Gesicht.

Schwiegermutter

Wer hat nicht wie eine Schoßkatze gepurrt vor Vergnügen an einem runden Tisch unter stiller, mildkochender Lampe. Und Liebchen sittig zur Seite. Diese Abende, dieses blendend gare Glück muß man seiner Schwiegermutter nicht vergessen.

Die Entstehung der Scham

Die Scham ist nicht natürlich, nicht wesentlich menschlich. Sie ist ein historisches Produkt. Das indianische Mädchen, ob ein Mann, ob eine Banane, sie sagt beim Genießen das eine wie das andere Mal ihr Haii Waihi des Behagens.
Ein Mann hatte Auswahl unter den Weibchen getroffen. Diese für sich abzuscheiden, versah er selbige mit Kleidern. Die Dämchen, um einen Mann zum Wünschen zu bringen, und um dem Manne, der sie zu haben wünschte, Bedingungen machen zu können – Heiratsprojekte sind fast so alt wie das Menschengeschlecht –, machten sich ebenfalls unsichtbar. Also Auswahl, Kleider, Ehe und endlich aus der Gewohnheit der Kleider die Scham. Nichtsdestominder ist sie anmutig.

Schimpfen

Beim Schimpfen fügen sich die Schmähreden zusammen – es bleibt nicht bei einer – wie Reiser zur Rute.

T

Trunk

ist ein Lüge von dem Wohlsein, der Gesundheit. Wie in Unterschlagung der Mittel, wie ein Fälscher der Nahrungsmittel ist der Schnaps anzusehen.
Eine Äußerung von Lebensunterlagen, die nicht gegebene sind, ein Komödienspiel ruft er hervor, als müsse er eine Untersuchung täuschen. Kassierer, deine Kasse ist nicht in Ordnung, du hast sie mit Scheinwerten angefüllt, wir werden dir auf die Finger klopfen.

Tribade

Im allgemeinen sind wir unter dauernder Heuchelei unzüchtig übers Maß der Naturfreunde hinaus geworden, wir müssen weit zurück. Der Mann muß vom Knaben, das Weib vom Weibe lassen. Wahrscheinlich aber werden wir in zärtlicher Innigkeit wiederfinden, was wir an verruchtem Reiz, an den Grenzen einsamer Entartungen lassen müssen, wenn wir uns menschlich gemeinsam, an Naturorganen in der Richtung der Natur belustigen wollen. Ihr fragt, was hindert uns? Nichts, nur euere Menschheit. Wollt ihr die lassen, dann treibt fort, was euch beliebt. Versucht es einmal euch ohne Furcht zu schämen! Gelingts? Ja? Dann seid ihr dem Ehrenstande der Menschheit gerettet. Sagt, was lockte euch? Das gleiche kichernde Vergnügen, in einsam trockener Wut? Kehrt nun zurück unter die Gesetze des Lebensgemäßen, ob euer nun viel oder wenige waren. Ihr beunruhigt mit eurem Wahnwitz die feste, gesunde Ordnung der Vorgänge!
Liebt, genießt, fallt in den erquickenden Schlaf inniger Erschöpfung, gebärt in Schmerzen die Kinder der Wonne, und erzieht sie zu gesunden Menschen. – Dann seid ihr ehrwürdig und habt von allem Kräftigen in der Natur euer Teil. Onanie scheint durch Einsamkeit – Diogenes und sinnlichen Kitzel mit Abneigung gegen Weiber – entstanden zu sein. – Tribadie! Ich wollt, ich wüßts. Nur aus genauer Kenntnis kann uns jetzt die Unbefangenheit wiederkehren. Wars Überreizung, dann kann die Lockung bei ihrer Oberflächlichkeit und auf dem Zustand äußerster Verkommenheit für Reine keine Gefahr haben? Oder entstand sie beiläufig durch zufällige Berührung? Oder ist es endlich ein durch gewisse Bedingnisse, in gewissen Rassen und Temperamenten aufsteigende Nötigung? Ob Sappho Erfinderin war? Bei ihrem Schönheitskultus, worin sie das Weib vollendeter dachte, wäre eine Übertragung der Liebe nach dieser Seite hin schon möglich gewesen. Sie hätte dann die Deutungen der Natur durch ihre Willkür ersetzt und eine Sekte der Schönheitsfreundinnen gegründet. Von ihrem Standpunkte aus kann man nun gerade etwas so Entsetzliches darin nicht finden. Indessen müßte man dann von jeder Lesbierin auch diesen deutlichen Zauber unbegehrlich zitternder Schönheit verlangen.

Auch war damals noch die Schönheit, die Duftige das allein Leuchtende.
Päderastie scheint mir eine einfache Stumpfheit zu sein, ein schon etwas bäuerisches Vergnügen mit dem Herkules, wie nun hin und wieder ein vergeiltes oder verweichtes Sujet vorliebnehmen. Anakreon, Catull, Sophron und andere Knabendichter machten äußeren, aber unwesentlichen Schönheitsdunst darum, begehrten auch Mädchen, während es Sappho mit ihrer Entscheidung ernst ist.
Onanie, ehedem zynische männliche Schroffheit, ist nun durch lüsterne Bücher und Bilder in der schüchternen Lüsternheit heranwachsender Jugend verbreitet.
Jetzt wenden wir uns einer vorurteilslos untersuchenden Menschenkunde zu, die das Richtige – das Falsche entschuldigend und erklärend – uns verdeutlichen wird. Ich habe vor dem Schlechten so lange Ehrfurcht, bis es erklärt wird, und um deutlich zu machen, wie es sich hätte unterscheiden müssen, verlangen wir genau zu sehen, wie, wann und warum es emporzitterte. Eine genaue fühlbar vorhandene Geschichte menschlicher Entartungen, deren Ton sogar etwas Relief haben muß, daß wir den Finger darauf legen können, eine Geschichte, deren Logik den Beginn zurückmißt, wo er herkommt, und Topographie bei Individualisation des Lasters ist zur Sicherstellung übersichtlicher Auffassungen notwendig.
Wir müssen den Vater, die Mutter, die Enkel und Kinder jeder Entartung sehen, wie sie leiben und leben, denn meistens führt die Neugier in die Verkehrtheit und hält die Besonderheit, die Weglosigkeit mehr darin zurück als das Vergnügen daran. Kann man seine Verirrung im Gesamtverlaufe sehen, die Neigungen hinunter und die Abneigungen hinaus, so verläßt man diese Spezialität, in der man sich verfangen hatte.
Der Mensch will etwas Systematisches haben, worin auch seine Verkehrtheit enthalten ist, und er wird gut. Verbietet dem denkenden Wesen, und es wird schlecht.
Das Harmonie-, das Beisammengefühl der besseren Kräfte, das übersichtliche Herniederschauen auf niedere, hält uns vom einzelnen ab. Lassen wir uns unsere Erkenntnis tauchen, brauchen wirs nicht selbst zu tun. Nur muß diese deutlich sein.

Der Tod

A: Der Tod ist etwas Notwendiges, also kein Übel.
B: Wie die Folter dem darauf Gespannten.
A: Muß denn die Natur oder was da ist gerade ein Henker sein?

U

Übersetzung

soll das Fremde in Sprache und Ton gewahrt eigen bringen, den gleichen Tau des Originals im Haare – es soll das Original begleitet haben. Beide müssen frisch vom Spaziergange zurückkehren.

Das Urteil

Wir bewegen uns unter und auf Porzellan, nirgends dürfen wir anstoßen. So vorsichtig sei unser Urteil.

Unbedeutendes

Auch das Unbedeutende geht der Kunst vorbei, und dadurch, daß man den Winkel, die Entfernung bestimmt, den Abstand vom Echten, des Verfehlten mißt wie mit Sextant und Teodolith, wird jedes Buch lebendig und rauschend und grüßend zur Kunst. Diese Stelle, dieses Buch liegt so und so viel Grad nördlicher Breite vom Meridian des Richtigen.

Das Unorganische

ist die Vorratskammer des Organischen.

Uhren der Zivilisation

Wir haben ja manches neu, werden indes das verstimmende Gefühl nicht los, als ob viele Uhrwerke verdorben wären. Die einstmal so schön müssen gegangen haben. Wir haben nunmehr einzelne und staatliche Laster und haben das Christentum. Hätte man uns das Heiligtum gelassen!

Gemächlich läßt sich im Heiden – im unbefangenen Menschentum das Gute aus dem Schlechten holen. Das Schlechte aber des Guten verdrießt uns wie eine voreilige Ausführung, wie eine verpaßte Gelegenheit.

Unsterblichkeitstrieb

in seiner dumpfsten Gestalt scheint allgemein menschlich zu sein. Er schneidet in alles Holz, was er bekommen kann, in Bäume und Bänke seinen Namen, später malt er, dichtet und reiht Töne.

V

Vertikale Überhebung

des Gelobten über seine Umgebung ist eine entsetzlich plumpe Gepflogenheit, die sich nicht bewegen kann, sonder zu verletzen. Die Menschen stapeln gern in die Höhe, was nebeneinander stehen muß.

Vivisektion

ist zunächst die neueste Literatur. Hier fehlt es nicht an Präparaten. In der Praxis indes sieht es trostlos leer aus. Hoffentlich finden sich einige opferwillige Menschenfreunde, die durch diese Zeilen sich angeregt finden, sich dem höchsten Zweck der Wissenschaft zu weihen. Ich wäre alsdann überreichlich belohnt. Oder! vielleicht bleibt diese freundliche Einladung in Anbetracht der bedauernswürdigen menschlichen Feigheit ohne Erfolg. Dann ein anderer Vorschlag! Opfert doch der Krieg nutzlose Tausende hin, ohne daß der Staat davon Vorteil hat. Sollte nicht ein einsichtiger Staat lieber hundert Soldaten den Ärzten überlassen?

Violett

und Blau sind vielleicht die Projektionen der Erde auf Farben.

Vollkommenheit

Warum bin ich nicht, was mir fehlt? Werde ichs, wenns mir möglich ist! Verachte ichs, wenns außen liegt! Da gibts allerlei Weisen, dann ists ruhig.

Das Verkehrte

Im Hirn der Hangvollen, der Verbrecher und Lasterhaften wird immer ein Gefühl des Schwarzen und Schweren, eine Verdunkelung sein wie ein Polyp oder ein Tintenfleck. Das kommt durch die immerwährende Konzentration am ungewöhnlichen Ort, das stete Hämmern des Gedankens da, die Scheu, das ganze Bewahren seines Selbst. Ein Verbrecher kann nicht mehr heraus aus dem schlimmen Fleck, und so wird ein Fieber dort erzeugt, das den Menschen verstört macht.

W

Die Wissenschaft

Die Wissenschaft mit allen Warummen, dem Schlüssel zu allen Fragen, hülfe uns dennoch nicht, ließe alles fremd und weit von uns, wenn nicht bisweilen die Anschaulichkeit alles enthüllte und uns das traute Wie an den Dingen zurückließe.

Wille

Der Mensch will, und dann nimmt das Schicksal den Lauf damit, dieses ist der Bote.

Wollust

ist ein Kraut, das einmal da ist, einmal nicht. Einmal stärker, einmal schwächer. Sie ist im eminenten Sinne ein Nervengewächs und kann mit etwas Aufmerksamkeit, wie gerade unsere verwehrende appetitreizende Zeit darauf verwendet, zu den schönsten Exemplaren gezüchtet werden. So z. B. Kindergier, welche die alte Welt noch nicht kannte.

ist doch keine Sinnlichkeit hier binnen gekommen? So fragt ein revidierender Heiliger und hebt seine Hornlaterne auf, die, wie sein gegen die Versuchungen gehürnt Gesicht, aussieht, um seinen Worten nachzuleuchten.
„Nein“, ruft beleidigt der Mönch, der einen zur spanischen Bußübung heraufgeschobenen in süßem Schauer sinnlicher Schmerzandacht gefalteten Weiberpopo bemißt. Um auf das fleischige Dach mit lüsterner Strenge den Hagel der Geißel prasseln zu lassen; und getröstet geht der Mann Gottes hinweg. Nein, Sinnlichkeit war nicht in die Kirche gekommen, die war viel zu gesund dazu, aber verbrütete Lüsternheit. Die Wollust aber sitzt neckisch versteckt und sicher, obendrein verehrt wegen ihrer besonderen Erbötigkeit zu Bußwerk und Leiden inmitten der Heiligkeit auf einem Ehrenplatz, mitten in der Heiligkeit.
Unter den Laien der Kirche, in der Gemeinde würde sie vielleicht sich nicht halten können, wegen deren Einfalt, aber unter den Ehrengästen behauptet sich dieselbe vortrefflich. Heiligkeit und Verdorbenheit haben gleiche Äußerungen, die sinnliche Genialität wird als Schwester begrüßt von der sittlichen. Wir haben es Luther zu danken, daß er die klösterliche Abgeschlossenheit, diesen Klub des Gottesdienstes brach, der die europäische Art bald in assyrische Gepflogenheiten gebracht hätte. Verkehrtheiten, ohne Bewußtsein derselben, ohne Auffallen, ohne Ahndung seitens der Menschenwürde und Unschuld hätten sonst die sittliche Beurteilung *dieses*, damit auf die Dauer *alles* geziemenden Verhaltens aufgelöst und damit einen Zustand des Kretinismus, der zuckenden Triebe – nachdem auch den Feinern das Bewußtsein der Heuchelei durch lange Anerkennung abhanden gekommen wäre – heraufgeführt, der die Menschheit bona fide ins Tierische zurückgeleitet hätte, aufs letzte ein allertollstes Schauspiel bietend, ein Unikum: die Kirche der Tiere.
Davor hat uns Luther errettet, denn da ers unterbrochen hatte, war auch die Kirche aus dem Somnambulismus miterwacht; es war kühler, luftiger geworden dadurch, daß einige sich entfernt hatten und die andächtig-wohlige Müdigkeit, das Nachmittagsschläfchen des Weihrauchs wollte nicht

mehr so recht einlullen, seit es solche gab, die nicht mehr mittaten und beobachteten.
Seit der Reformation ist auch die sitzenbleibende Kirche protestantisch geworden, und seit der Scheidung Luthers ist Möglichkeit vorhanden, die ranzig gewordene Sinnlichkeit, welche durch unzählige Selbstschändungen, Lüsternheiten in Bild und Buch, Verruchtheiten an Kindern und endlich durch größere Steigerung von einseitigen Geschlechtsergötzungen am Menschengeschlecht nagte, mittels Gesundheit, antiphlogistischen Mitteln von Studien und Leibesübungen zu entfernen und der unbefangenen Menschheit den deutlichen Raum des Leibesbehagens, die Lage der Nervenlust des Innern unter den Pflichten und Freuden, in der Harmonie des Lebens anzuweisen.
Wir haben einen Moltke der Sinnlichkeit nötig, der die Karte von den wohligen Empfindungen jener Nerven, welche mit den Zeugungsteilen zusammenhängen, denen früher öffentlich alles Gebiet entzogen und abgesprochen wurde, und die sich dafür im geheimen, unter Benutzung von Mißverständnissen in Pädagogik und Andacht übermäßig entschädigten, auf die richtigen Grenzen bringe, da sich Eingestandenheit mit der Ausübung deckt, denn, was ausgesprochen werden, von Gebildeten ertragen werden kann, ist nicht verkehrt. So müßte auch Prüderie weg, denn die Beschreibbarkeit ist zugleich Waage.
Generalstab der Menschlichkeit, wir bitten um Karten, Atlanten der Liebe, sie sind das größte Bedürfnis für weitere Operationen.

Büchlein der Narrheit

Der Mensch weist gar viele Fertigkeiten auf. Darin aber hat ers am weitesten gebracht: in der Kunst, möglichst wenig Mensch zu sein.

Die Blume ist das Lächeln der Pflanze.

Der gute Herr. Wohltun macht Freude. Besonders um die liebe Weihnachtszeit.
Das muß auch wohl dem Vorstandsmitglied für Volksnot einleuchten. Eigentlich heißt es: „Verein für Linderung der Volksnot in seelischer und leiblicher Hinsicht." Doch je kürzer, desto besser. Nicht eine äußere Anregung kann es sein, die seinem gutmütig behäbigen Antlitz seinen warmen Schein verleiht, daß es so recht von innen heraus erglüht, angestrahlt von der Güte seines Herzens. Und dieses sein strahlendes Antlitz wendet er nun, sonnig verweilend, seinem Diener, seinem Johann zu.
Es ist ja Heiliger Abend!
Johann verschwimmt in Weihe und erstarrt in lauernder Erwartung. Das Mitglied hat nach einer goldperückigen Champagnerflasche gelangt und den Korkheber aufgesteckt. ‚Ein Glas Champagner', dachte Johann, ‚zwar etwas wenig, aber man kanns annehmen.' Nun wandte das Mitglied die Sonne seiner Gnade wieder ganz dem Johann zu. „Hier, den Korken kannst du ablecken. Du bist doch eine treue, ehrliche Seele. Du hast es redlich verdient!"
Wer mag wohl der Johann sein?

Kohle und Diamant. „Du sollst ja zur Familie gehören. Und wenn ich auch nicht begreifen kann, wie man zu leben vermag, ohne Farbe zu bekennen, so eine Art Familienzug vermein ich doch in dir zu entdecken. Wie kommts nur, daß du so blaß geworden bist?" Also die Kohle.
Im Diamanten leuchtet es auf: „Alles lastete auf mir. Schon war mir, als müßte ich zusammenbrechen. Da zog ich mich

ganz in mich zusammen, und da war ich, was ich nun bin: Ich, nur Ich."
Je stärker der Druck, den eine Kohle aushält, um so kostbarer der Diamant.

Wo Stammtisch ist, da stirbt Welt und Geist. Der mordet alles.

Zum Heile des Volkes!
Wie sich das anhört! Wie wohlwollend und – wie beschränkt!

Es gibt Stürme, die eine Schlafmütze aufhaben.

Aphorismen, verstreut und aus dem Nachlaß

Ich habe keinen Feind als in mir selbst.

Je mehr die Überzeugungsfestigkeit nachläßt, um so mehr Verteilung, Individualität und Besonderheit.

Die guten Lyriker sind gute Erkenner ihrer selbst, deshalb hat man sie gerne, sie mögen kriegerisch oder verliebt, spöttisch oder zärtlich sein, wie sie wollen – wofern sie nur echt sind, wahr, nicht Empfindungen heucheln.

Zu lange Einleitungen erschöpfen die Frische des Geistes, die man am besten der Dichtung selbst entgegenbringt.

Die Erinnerung verschönert, erhebt und bereichert das Verlorene, so daß man nicht zufrieden wäre, hätte man auch den früheren Bestand zurück.

Aber zwei Kräfte versinken, gehen unter, (wenn) wir nicht mit ganzer Entwicklungswucht ihrer bewußt werden, ihnen beispringen, sie retten, für uns und andere: Es sind dieses die Freude und das Spiel.

Wellen spült die Welt auf uns, und wir müssen sie als solche empfinden.

Was ein Redner ist, darf sich nicht vor Phrasen fürchten.

Im Wald der deutschen Dichtung sprossen Glückspilze genug. Wann wird langsam eine Eiche darin wachsen?

Was wollt ihr mit der Wahrheit? Das Leben ist nur auf Schönheit eingerichtet.
Leben ist Irren, und des Irrens Summe Wahrheit.

Mann ist Tun, Weib ist Sein.

Der Mann kennt Kämpfe, dem Weibe reicht es nur zum Zank. Freilich sitzen manche von diesen Weibern in Bierhäusern und skaten.

Freiheit ist das letzte Vorurteil, man muß auch in der Freiheit Flecken sehen können.

Man muß den Weltgeist auch in Kleinigkeiten interviewen.

Sinne bilden und verarbeiten sind einander abwechselnde Vorgänge im Wachstum der Menschheit.

Die Strafe innerhalb der menschlichen Gesellschaft ergreift auch die ehrlichen Leute.
Die am meisten.
Weil sie um so fein empfindender sind.

Nur Lesen macht weichlich und nimmt die Tatkraft.

Wenn die Aufklärung Heilige kreierte, ebenso wie die Umneblung – die Kirche –, dann hätten wir sicherlich bald einen San Antonio Filippo Reclam. Ich selber würde im Kanonisationsprozeß als Zeuge für erlebte Wunder auftreten.

Selbstverständlich wird der Geist leiblich bestimmt.

Leichter einen Kranz zu binden
Als ihm ein würdig Haupt zu finden.

Nichts so dumm als geistreich sein.

Nur gehören wir uns niemals, uns am wenigsten. Wir gehören dem Rad, der Ansichtspostkarte, der Briefmarke, nur nicht uns, und was dasselbe ist: Gott.
Weil wir Gott nicht in der Kirche fanden, suchen wir ihn überhaupt nicht mehr.

Könnten wir denn nicht falsch gesucht haben?

Lieber täppisch als durchtrieben!

Wie ein Pair nur von der Pairskammer gerichtet werden konnte, so können auch wohl nur die selbstschöpferisch tätigen, mindestens aber veranlagten Naturen über künstlerische Leistungen urteilen. Doch liegt bei nur veranlagten, nicht aber tätigen Kritikern die Gefahr der Verbitterung, des geistigen Neides vielleicht näher als bei den selbsttätigen.

A: Er spricht so viel. B: Also ein nichtssagender Mensch.

Vollendung ist Beschränktheit.

Engel: Wir suchen Teufel, nicht die Guten.

Wünsche sind die Wenden der Zukunft.

Richtig ist falsch.

Tino: jüdische Dichter – zu viel kleinliche Bitterkeit.

Maeterlinck: Hieratisch wichtig tuend.

Wenn doch auch die Vernunft ansteckend wäre!

Ich will klare Schmerzen haben, und habe dumpfe.

Wir müssen auch vor unsern Leibern beten können.

Recht ist allemal, was gegen die Masse ist, damit kann man keinen Hund hinter dem Ofen hervorlocken. Einen Hund nicht. Das ist es gerade.

Ganze Geister sind unbarmherzig.

Kinder sind die größten Lebenskünstler.

Was ist Gerechtigkeit, was Verbrechen? Ein Zeichen dafür, daß die Welt erdenklich elend ist. Mit einem Urteil mit den Gerichten ist es nicht getan.

Sturm und Drang ist karikiert, früher Dagewesenes unter den Zeitgenossen Shakespeares. Sturm und Drang im Roman Fieldings.

Religion: Das Falsche, was recht scheint, und das Rechte, was falsch scheint.

Für mich bin ich fertig, nun muß ich mich für die Verhältnisse ordnen.

Poesie und Wirklichkeit kommen in mir zusammen.

Wenn es ganz ruhig ist und die Menschentriebe wieder im Gleichmaß sind, dann wird das unbefangene Schöne wieder geschaut.

Meine Gedichte: Warte, bis meine Dichtungsart – der fließenlassende rechte Reim – Rhythmus hat und abgeklärt ist.

Ich bin noch bei den Dingen, darum bin ich ein Dichter.

Die Erklärung des Schwächlichen gibt es nicht unter den Sternen, weil die Dichtung ein Naturgesetz ist und weil Dichter sein soviel heißt, wie das Gesetz in seiner Eigenart erfüllen.

Wenn die Instinkte uns festhalten, was kann alles Ideale helfen.

Humor: gerundet köstliche Verschnörkelung von Einfällen.

IV

Über Dichter und Dichtung

„Selig die Stadt, die sich Richter weiß,
denen die erhabene Dichtung Beweis wird."

Sophokles

Der Areopag lauscht.

Kristallklar klingen die edelwuchtigen Tetrameter. Wie Vögel des Zeus und des weissagenden Apollo flattern die Chöre auf, die groß wie ein Schicksal sich lösen und binden.

Und so wiegt sich der lesende Greis stark und gelind auf der tragenden Anmut seines großen Werkes.

Sogar der Atem des Lebens wartet in der fühlenden Brust, um nicht zu stören den friederauschenden Lösesang des Ödipus von Kolonos.

Weihe der Andacht im Richtsaale des Areopags.

Sophokles hat geendet.

„Hier, ihr Richter, meine Verteidigung! –

Ist das Werk besonnen oder ist es das Torenwerk eines Mannes, der von Sinnen ist, der der Verwaltung seines Vermögens enthoben und entmündigt werden mußte?"

Nun wandte der Sprecher sein ätherhelles, weltüberhobenes Auge zu der Stelle, wo vier schwarze Augen scheu den Boden suchten. Deutend frei hob sich sein Arm aus schneeweißer Chlamys; denn seine Brust hatte nichts zu verbergen. Auch das Alter nicht. Seine Glieder waren hell und frisch, und wie fernes Feuer blühte sein mächtiges Haupt durch das feingekräuselte Haar, das wie Asche auf klarer Glut war.

„Und gab ich dem Knaben, der mir den Becher einschenkte, ein Talent, so waren seine Lippen mir junge Rosen, so habe ich von seinen Lippen nur Schönes und Liebes gehabt.

Was aber erhielt ich Freundliches von euch, die ihr alles haben wolltet, was mein ist?

Was gabt ihr mir, meine Söhne?

Vielleicht, daß ich hier bin?" – – –

Der Älteste der Richter erhob sich: „Wie konnten wir uns wohl erkühnen, über dich zu Gericht zu sitzen?

Wir sagen nun: wir sind nicht würdig, dich freizusprechen, Vortrefflicher!

Aber verzeihe uns, o Freund der Götter, wir handelten nach dem heimischen Nomos, nach der Väter Satzung, die auch dir heilig ist."

In froher Würde und klarem Jünglingsfeuer aller großen Geistes gab der Greis zurück: „Gern ihr Männer, willfahr ich euch.
Selig die Stadt, die sich Richter weiß, denen die erhabene Dichtung Beweis wird."
Der Richter aber erhob die Rechte: „Selig der Achtzigjährige, der ein Höchstes schrieb und sprach wie er! Solange du weilst, Vortrefflicher, kann es der Stadt nicht fehlen, deren Sohn du bist. Denn solange ist sie der Liebe der hehren Athene sicher. So möge denn Zeus", betend hob er und mit ihm alle betend die Arme, „so möge denn Zeus dein Leben schonen, unseres Ruhmes Edelsten!"

Lord Byron

Atonius-Bakchos,
Ein ewiger Etonboy,
Erzog dich die Schönheit
Zu weicher Kraft und zu starker Schwäche.
Eine Schicht Held und eine Schicht Unart.
Tagumdrehender Freund der Natur,
Freund der Nacht –
Früh zogst du dir den Schnee aufs lockige Haupt
Und fielest vor deinem Tode als Held
An deines Leibes eigenem Mute.
So recht deinen eignen Tod
Bist du gestorben,
Eigen im Opfer
Nervöser Held.
Deiner Knabenschmerzen holder Trotz,
Sinnenstarke Knabenträume,
In königlichen Willens freien Stolz gefügt
Ragen deines Fühlens Bildnisreihen,
Empörung gegen die Satzung, die anders gewendet,
Du selber verehrtest!

Blutende Eiche

Heinrich von Kleist

Blumen sind hervorgebrochen,
Die zittern voll Blut
Und können nicht sagen,
Was da war . . .
Klagende Farben . . .
Blutende Eiche.

Deutsche Dichter der Gegenwart

Gottfried Keller

Gehört auch noch dazu. Er ist ein Bauer, ein besonnener, tüchtiger Bauer des Lebens. Als Ratsschreiber führt er auch die Akten volklicher Gesundheit.
Er hatte innige Zuneigung zu Karl Henckell, obwohl dieser damals noch glühendrot war, und Keller haßte, wenn irgend etwas – das Volksbeglückertum.
Es war eigentümlicher Anblick, wenn die kleine Gestalt mit dem gewaltigen Haupte mit winzigen Schritten herbeischlürfte und eine ganze Weile gebrauchte, ehe sie das wie eine Karawanserei ausgedehnte Gastzimmer des „Pfauen" durchmaß und sich zu uns setzte – zu Henckell und mir. Aus weiter Erinnerung sendet mir Zürich unvergeßliche Erinnerungen. Ich weilte dort im Frühling 1889 und lernte hier allerlei Wunder des Weltbürgertums kennen, als da sind: zutunliche, fidele, nicht steifleinene Professoren, einen Italiener in mehrfachem Hausbesitz, der mit seinen zwei schönen Töchtern im „Pfauen" geigte und diese dann zum Tellersammeln durch die Reihen der Gäste schickte, des ferneren Meister Böcklin, mit dem man am entferntesten Tische bisweilen Keller antraf, wie sie sich beide gesellig anschwiegen.
Keller tauete trotz seiner berufenen Grobheit doch auch mir gegenüber – das machte aber nur die Nähe Henckells – auf, beklagte sich aber dann, daß ich ihm die Würmer aus der Nase gezogen hätte. Und diese Würmer lege ich auf den Tisch des Hauses nieder:
Da ist zunächst der Gedicht-Zyklus: die Empfindungen einer Leiche, die ja auch Poe beschäftigt haben. Diese Dichtung ist veranlaßt durch das Preisausschreiben einer Leichenverbrennungsgesellschaft in Stuttgart. Und dies wunderbare, so keusche und sinnenglühende, durch Unheil vertiefte und auf verklärenden Liebestod hinweisende Büchlein von zwei jungen Menschen, mit dem zu abhängig sich gebärdenden

Titel: „Romeo und Julia auf dem Dorfe“, hat eine geradezu lächerliche Entstehungsursache.
Da liest Keller in den sechziger Jahren in einem Berner Sonntagsblatt einen gar wütigen Frömmlerartikel, wie Zucht und gute Sitten in gar erschrecklichem Maße abnehmen. Da haben ein paar junge Leute, deren zerrüttete Lebensverhältnisse eine Ehe unmöglich gemacht, das göttliche Gebot mißachtet und dann ihr sträfliches Beginnen durch gemeinsamen Selbstmord gekrönt und sich von dem beladenen Heuschiff, das sie festgebunden vorgefunden und das sie dann haben treiben lassen, nach einer verbuhlten Nacht, ins Wasser gestürzt.
Noch immer höre ich die heisere, leise Stimme, die an eine bescheidene Silberdistel erinnerte; noch immer sehe ich die steile Stirn mit den tiefen, gleichen Furchen, die künstlerische Arbeit über diesen Acker des Geistes gezogen, noch immer höre ich diesen biedern Züribieter, wie er mir im Eisenbahnwagen zuraunte: „Er süft.“ Das war alles, was er von diesem Meister Gottfried zu sagen wußte.
Und doch, wie es trifft: Wer den Züricher Landwein kennt, wird schon in dieser Tatsache des Züricher Dichters Heimatsliebe ehren, wie er sie in diesem Rachenputzer immer aufs neue in sich hineintrank. Das blaßrote Schöppli von ihm: mir ist es sein Ehrenzeichen.

Emile Zola

ist die Ehrlichkeit der Sinne.
Nicht gefälscht und nicht verzuckert.
Wie massig und machtvoll zieht sein Panorama durcheinander!
Der Kehraus von Paris, der Kehraus des Weibes, der Kehraus des Reiches: *ein* Kehraus.
À Berlin und à Paris kreuzt sich.
Der Kehraus. Aber Epik, große Epik, der Hexameterschritt der Zeit.
Und das Epos hat Mut, großen Mut. Und wo eine Zeit zusammenbricht, es wartet nur aufs Ende, um neu zu beginnen den Wiederaufbau.

Si fractus illabatur orbis,
Impavidum revocant ruinae.

Kaum die Feder aus der Hand gelegt, muß der Naturalismus, muß die Aufrichtigkeit selbst Roman werden, ein lebender Roman, sehr zum Schaden vielleicht dessen, der geschrieben.

Meister Conrad

Trotz dem Französischen: Bauernkrieg. Fränkischer Bundschuh. Flugschrift auf Flugschrift. Anreger und Wecker, auch in fremden Namen zu eigener Sache.
Anschwemmungen, Ungespundetes auf Ungespundetes, Münchener Kindl-Geschichte. Frische, frische Lebensstücke. Geist, viel Geist,

„Fehlt leider das geistige Band".

Und doch, es ist da: die Persönlichkeit, die alles zusammenhält, der ganze prächtige Kerl, dieser Kraftmensch – und wenn er auch ein wenig zu süddeutsch, und ein ganz klein wenig Kraftprotz ist.

Detlef von Liliencron

Ist Emile Zola der Protokollführer und Karl Bleibtreu der Weiß, der etwas nörgelnde, gescheite Stratege des Krieges, was ist Liliencron? Der Menschenfreund, fast die gute Gesellschaft des Krieges. Und sonst ein deutscher Muselmann, ein Muselmann mit treuen, tiefen Kornblumenaugen, eine Jugend über alle Jahreszeiten hinaus, und eine Heimatseele, die in jeden holsteinischen Knick getreten ist.

Otto Julius Bierbaum

Bierbaum?
Wann lebte doch noch Bierbaum?
Und doch: ein Weinlaub, das Germanistik studiert hat, ein denkender Faun, rosige Reminiszenz, Liebe, die den Doktor gemacht hat, Hagestolzentum mit Hustru.

Johannes Schlaf

Kosmisches Kranken, erbitterte pflanzliche Sehnsucht.

Wilhelm Raabe

Schalkhafte Harzfrische. Sagen und Gnomenzüge in der deutschen Michelseele. Bücherwürmer mit Gemüt. Inkarnierte Engel mit Borsten und Stacheln. Gutmütige Schläue, etwas listig Drolliges und – vor allem Verkniffenheit vor lauter, lauter Seele.

Otto Erich Hartleben

Künstlerische Enge. Auf Goethespuren, Goethevorsicht, ererbtes Mißtrauen. Engbrüstige Monumentalität der Genußfrage. Er reist, aber er findet überall nur seinen abgerissenen Knopf, auch in der ewigen Roma; er bleibt kalt auch in der heißen Sonne Afrikas.
Er kann aus sich nicht heraus.
Schon in jungen Jahren der alte Herr: kann nichts ihn befreien, nichts ihn aufknöpfen. Vielleicht noch ein zweiter abgerissener Knopf.

Else Lasker-Schüler

Else Lasker-Schüler ist die jüdische Dichterin. Von großem Wurf. Was Debora.
Sie hat Schwingen und Fesseln, Jauchzen des Kindes, der seligen Braut fromme Inbrunst, das müde Blut verbannter Jahrtausende und greiser Kränkungen. Mit zierlich braunen Sandälchen wandert sie in Wüsten, und Stürme stäuben ihre kindlichen Nippsachen ab, ganz behutsam, ohne auch nur ein Puppenschühchen hinabzuwerfen.
Ihr Dichtgeist ist schwarzer Diamant, der in ihre Stirn schneidet und wehe tut. Sehr wehe.
Der schwarze Schwan Israels, eine Sappho, der die Welt entzwei gegangen ist. Strahlt kindlich, ist urfinster. In ihres Haares Nacht wandert Winterschnee. Ihre Wangen feine Früchte, verbrannt vom Geiste.
Sie tollt sich mit dem alterernsten Jahve, und ihr Mutterseelchen plaudert von ihrem Knaben, wie's sein soll, nicht philosophisch, nicht gefühlsselig, nein – von wannen Liebe und Leben kommt, aus dem Märchenbuch.
Else Lasker-Schüler ist von dunkelknisternder Strähne auf

heißem, leidenschaftstrengem Judenhaupte, und so berührt so etwas wie deutsche Volksweise, wie Morgenwind durch die Nardengassen der Sulamith überaus köstlich. Wie auch Heine einen Einschlag von deutschen Fäden im Blute hatte, wohl noch stärker als Prinzeß Tino. So daß es bei ihm zu Kampf, fast zur Auflösung kam.

Elses Seele aber steht in den Abendfarben Jerusalems, wie sies einmal so überaus glücklich bezeichnet hat.

Jüdische Dichter, schöpferische Dichter aus Judäerblut sind selten. Die Glut einer entlegenen Urseele ursprünglich, stark und bei Schmähungen ungereizt zu erhalten, ist nicht leicht. Heinrich Heine hat zu viel kleinliche Gehässigkeit, zu viel geriebenes Feuilleton unter seinen Werken.

Ein zweiter Gedichtband ist im Druck. Auf Wiedersehen, Tino.

Tino ist der unpersönliche Name, den ich für die Freundin und den Menschen fand, die flammenden Geist und zitternde Welt wie mit Blumenkelchen umfangende Seele.

Dichtung und Dichter

Schön ist die Wahrheit, wahr die Schönheit; das ist alles, was ihr auf Erden wißt, und alles, was ihr zu wissen braucht. Das sind die Worte des Vorspruchs fürs Weltall, geschrieben für uns. Die Mahnung: Bilde Künstler! Rede nicht! Das ist die Formel der Vereinfachung für die so mannigfaltig auf uns eindringende Welt.

Man hat die Mitte zu nehmen: Die Welt sieht bei dem ersten Blick wie eine Realität, bei dem zweiten wie ein Traum aus. Die Welt und jedes Ding in ihr ist uns vertraut und dann wieder ein Wunder. Die Seite ihres Wunders, die Schönheit uns zu bereiten, ist Sache der Poesie. Es wird manches dunkel bleiben bis ans Ende.

Was durchlebt, gibt erst Recht auf Dichtung – es ist so frisch, so eigen, so beweisend; ist Logik, ist Dichtung.

Die Ferne bestimmt und das Gewöhnliche erhoben stellen, das ist die Kunst; auch über alles zu schreiben, allem eine Seite abzugewinnen.

Lyrik ist die Wortfindung, die Mitteilung, die Wortausgabe der Empfindung. Die Austragung, die Äußerung.

Ein Buch wird verdächtig, wenn die Gemütsseite fehlt.

Dichter und Maler, was der eine hat, wird dem andern abgezogen.

O Macht der Mitteilung durch das rechte Wort, eine Entschädigung für die Wirklichkeit, eine Erweiterung des Menschen über Zeit und Raum hinaus.

Durch diese Gabe ihres Lebens, ihrer Empfindung, sind die echten Poeten Helfer der Menschheit. Man kann deshalb durchaus nicht von einem unnützen Poeten sprechen. Sein Nutzen ist, wenn er echt und wahr ist und dann gefällt; sein Schaden aber ist groß, wenn er unwahr einen Genuß, den er selbst nicht gehabt hat, als eigen ausgibt, um einem fehlerhaften, sinnlichen oder meinungsträgen, vorurteilsvollen Lieblingswunsche der Masse Genüge zu tun.

Das ist die Vorheuchelei des falschen Dichters, der mißleitet und später abstößt.

Wenn ein Zeitalter mit den Fehlern seines Zeitalters aufräumt, werden die poetischen Überbleibsel beiseite geworfen; denn ein echter Dichter ist ebenso trotz seiner Zeit wie mit seiner Zeit – so Walther von der Vogelweide.
Sich ganz eins fühlen mit der Welt und in dem letzten Menschen noch lieben. Das ist das Geheimnis der Unsterblichkeit. Alle Dichter haben teil an dieser Gemeinschaft.
Der Dichter ist ein Prometheus der Zukunft, er muß das Originelle bringen.
Der Dichter muß positiv vordenken, sich nicht den Einfällen überlassen. Das macht stark.
Der Dichter selbst glaubt am wenigsten, daß er Dichter ist; geht zur Kritik und sagt es ihr.
Was Meister gaben, soll und darf nicht nachgeahmt werden.
Die Gelehrten müssen ihre Sätze aussprechen; und die Stilkünstler müssen sie fortlassen, nachdem sie vorher ihren Lesern das Selbstfinden unfaßbar gemacht haben.
Wenn etwas in der Welt wahrheitsdurstig ist, so ist es die Dichtung. Sie will nicht bloß Wissen, sondern Innenleben. Sie verlangt die Seele von allem zu sehen wie Plato, aber nicht abgeleitet, sondern im Innern, im Tiefen, im Wirklichen selbst.
Die guten Lyriker sind gute Erkenner ihrer selbst. Deshalb hat man sie gerne. Sie mögen kriegerisch oder verliebt, spöttisch oder zärtlich sein, wie sie wollen, sofern sie nur echt sind, wahr und nicht Empfindung heucheln.
Kann es nicht aristophanische Lustspiele geben? Nein, wenn unsere Zeit poesielos, unschön ist, ohne Fröhlichkeit, Lust und Behagen. Ohne eine Welt, aus welcher die Elemente der Veränderung zu nehmen und in die verschönerte wieder einzusetzen sind, kann die satirische Dichtung nicht bestehen.
Dichter: von seinem Mangel essen die Völker; von seinen Qualen, seinem Verenden nehmen die Menschen nachmals den höchsten Rausch ihrer Seele.
Bücher sind Ernten: Tollkirschen und Weizen.
Was Phantasie ist bei den Menschen, ist Schöpferkraft der Gedanken bei Gott. An Höherem, Weltzusammensetzendem, die Schöpferkraft der Tat.

Die Sprache

Ein anderes Übel ist unsere Sprache, die belletristische, die parlamentarische, publizistische und poetische Sprache. Die poetische Sprache, aus welcher man die lyrischen Gaben unserer Tage, die anempfundenen Liebesschmerzen macht, ist eine einzige Lüge. Sie lügt wie gedruckt!

Wahre, ehrliche Prosa ist zunächst die Sprache der Wirklichkeit. Macht sich aber die Sprache erst einmal vertraut mit der Wahrheit, ihrer Erhabenheit, Reichhaltigkeit und Wundergegenwart, dann wird sie eine ungeahnte Schönheit bekommen. Der vollkommenste, mannigfaltigste und mühelose Vers und Reim wird, wie er ist, aus unmittelbarer Anschauung und Begreifen hervorgegangen sein.

Wenn ich an geistiger Arbeit bin im Auslande, und es kommt dann ein Bekannter zu mir, muß ich mich wieder auf das Längstbekannte besinnen, um zu antworten. Daran unterscheide ich die fremde von der Muttersprache.

Wer hätte gedacht, daß aus Küchenlatein eine so reizende Sprache entstehen könnte wie die französische. „De una“ sagte der stümperhafte Scholar unter Karl dem Dicken. „D’une“ sagt nun ausgeglichen ein allerliebstes Stimmchen, das von Sprachwurzel keine Ahnung hat.

Eine Sprache ist ein Weltkanal, der auf uns einmündet.

Man sieht vorher im Auge, was später im Wort kommen soll.

Deutliche Aussprache des Schwierigen gibt Geistesgegenwart.

Peter Hille über sich selbst

Peter Hille: Der moderne Aristophanes.
Ich bin geworden, weiß nicht wie.
Ich bin nahe bei den Dingen, darum bin ich Dichter.
Was ich will, muß mehr sein, als was ich leide.
Was habe ich daneben gedacht! Die letzten Gedanken!
Ich komme zu keiner Befreiung, zu keiner Erlösung, weil im Leben nicht, so auch in der Dichtung nicht.
Auch zu schwerfällig, zu ungelenk zur Brotarbeit.
Ich will lieber kein Agitator sein; ein Agitator kommt ohne Unsinn nicht aus, wenn für sich, so doch für die Menge nicht.
Ich habe zu viel Peripherie, mir fehlt das Zentrum.
Ich habe zuviel studiert und gestrebt; was gut, was Ruhen ist und bedeutend und wert ist, ich weiß es nicht mehr. Ein Irrenhaus von Dichtern und Kritikern; ich will lahm gehen!
Mein Reichtum kann doch nur wie ein Tag über mich hinweggehen zum Gebrauch.
Geben Sie mir ein Sacktuch, meine Herrschaften, und der Poet ist ein Hexenmeister.
Mein letzter Roman ist die Geschichte, mein Epos die Menschheit.
Ich will nichts loben, das nicht Bestand hat, und ich will nicht gelobt sein; nur wünsche ich die Anerkennung, daß ich auf dem rechten Wege bin, durch bewährte Männer, die denselben gehen. Das gibt Mut und Gesellschaft. Ich wünsche meine Leistungen anerkannt und meine Fehler gerügt.
Nur innerhalb der Wahrheit kann ich vergnügt und ruhig sein. Ein Zusammenordnen, Zusammenfinden soll aus Schreiben, Lesen und Beurteilen hervorgehen.
Aus unserem Herzblut muß die Dichtung kommen. Es spricht das Wort, es wird mächtig in meiner Seele, von allen Seiten, es erhebt sich und könnte mir noch das Glück bringen.
Gedanken sind im Gehirn, die ich nicht hineinlogiert habe.

Und muß ich sterben, wie ich sitze, hinweg vom Platze, wo ich nur bin; ich muß doch irgendwo unsterblich sein.
Eine kraftvolle Phantasie ist zum Dichten notwendig. Wenn ich nicht Cäsar, die Sappho, den Catull, den Tibull, den Properz mir vor die Sinne bringen kann; wenn ich das Gastmahl Platos sehe, den großen, kahlköpfigen Aristophanes, den blonden Schiller und den schwarzäugigen Goethe, dann ist mein Werk nicht ehrlich, dann kann ich den Philistern nicht ausweichen, die uns überall im Wege hängen.
Meine Kunst ist, das Leben im Zirkel meiner Arbeiten zusammenzuzwingen.
Nach Auftrag, nach Thema gehen kann ich nicht gut. Auf dem Thema kaum eine halbe Seite, da hab ich schon sechs Bogen eigener Strömung. So muß ich das immer wieder anhängen, und es wird unförmlich.
Meine Haare haben mehr Branntwein getrunken als mein Mund. Laßt euren Kopf den Branntwein trinken, es ist besser.
Wenn ich nicht gut bin, können es andere nicht sein oder werden?
Bei sich sein und die Möglichkeiten des Vollendens haben, das genügt mir.

Aus der „Völkermuse“

Dichtung ist eine besonnene Ekstase.

Ein ordentlicher Schriftsteller muß seine Leser abhören, ihnen Preise des Begreifens stellen wie Goethe, Bret Hart und der Breakfastautokrat Holms. Schon aus Achtung vor dem Begriffsvermögen des Lesers.

Nicht nur Schreiben, auch Lesen muß eine Kunst sein.

Bei den meisten Gedichten sind die Worte bereits verbacken, der Zeitpunkt ist versäumt, wie selten sind die garen Worte!

Das Innere parallel zum Äußeren, das Verhalten zum Vorstellen und Träumen, dann erst haben wir die Persönlichkeit.

Der Dichter ist ein Bildhauer in höherem Sinne. Ihm gegenüber löst sich die greifbare Sinnlichkeit immer wieder auf. Nur in seinen geweihten Stunden sieht er aus dem rauchigen Flammenhaus des animalischen Lebens das hehre Profil der Welt.

Wo man nicht genug loben kann, darf man nicht zuviel tadeln.

Tadeln heißt oft: nicht besser, nur anders sein. Auch das möge der Leser verstehen.

Übrigens soll man nie sagen: „von dem berühmten Verfasser usw.“, dann kommt man mit einem Kopf voll Einbildungen zum neuen Werke; hat ihm in Gedanken seinen Platz schon angewiesen.

Man soll diesen Gedanken zu vertreiben suchen, bis der Eindruck dieses Werkes feststeht, dann kann man auch die übrigen hinzulassen. Vor einem anderen Stoffe ist man gewöhnlich auch ein anderer Schriftsteller.

Ein gastlicher, mäzenatenhafter Zug, eine sanfte Größe und ein Verweilen, das außer der Liebenswürdigkeit des Hausherrn noch den stilvollen Zug des Anwesens mitklingt, dem man nicht genauer nachgeht, aber fein und deutlich verspürt, ein Wohligsein ohne Reflexion, ein Plaudern, das sich nichts vergibt, ein verständnisvolles Beichtehören, dem man gern bekennt: so ist das Patriarchalische.

Zur Geschichte der Novelle

In Lessings Laokoon finden wir der Novelle noch nicht ihr Wesen vorgezeichnet, ihren Platz angewiesen, falsche Aneignung ausgezogen und ungekannte Güter nahegelegt. Nicht einmal der Name ist erwähnt. Sie gehörte nicht zu den strengeren Kunstformen und stürmt erst frisch mit modernem Anhauch in die neuere Zeit, Hand in Hand mit dem Feuilleton. Das Jungdeutschland hatte ihr Raum gelassen, so viel die Wilde brauchte; nur mit dem Feuilleton und den Heineschen Gedichten hatte sie das Gebiet zu teilen, das mutwillige Treiben behagte ihr: wie tollte sie mit den Genossen umher und schoß perlende Champagnerschauer, die lockere Revolutionärin, Emanzipierte dürfen wir nicht sagen: sie war nie emanzipiert.

Die schlanke Grazie Kühnes, der Gutzkowsche Tibet-Anzug, das Rugesche Mänadenkostüm, alles steht ihr reizend, der jungen Titania!

Wie ergötzlich war es auf dem Plane der Freiheit! Wie einladend schallten von Paris her die Fanfaren der Marseillaise, nicht so cholerisch wie vor 30, 40 Jahren: nein sanguinisch, keck und elegant. Als Baumeister standen hinter den Barrikaden Proudhon, Saint-Simon und Fourier. Und sah es hüben auch noch gar verstockt aus: die Verfasser trugen ihre Festungshaft mit der Heiterkeit des Märtyrertums, und die festgehaltenen Büchlein wußten ihre Wege schon zu finden.

Nur hin und wieder griff der geängstigte Staat wütend zu, grade den Unschuldigsten haschend: Fritz Reuter!!!

Sonst aber war es urgemütlich unter den Kanonen, die noch bis zur offenen Emeute 1848 schliefen. Plaudernder Ernst ist der Grundzug dieser Epoche.

Und wie jener Bauer die Weisheit der Natur bewunderte, welche der Katze gerade über den Augen das Fell geschlitzt hat, könnte man in Erstaunen geraten über die Fügung der Vorsehung, daß gerade die petulanten deutschen Jungen diese mannigfach anregende Umgebung fanden. Im Staate

Schwerfälligkeit, Schlendrian und eine zum Bresdeschuß ganz wünschenswerte Despotie, schon mehr doktrinär, als zu Friedrich Wilhelms I. Zeit, in der nur Gewalt etwas – oder vielmehr – nichts vermocht hätte.
Hier konnte man mit gleichen, aber handlicheren Waffen kämpfen. Der funkelnde Geist in graziöser Führung brauchte die rostigen Feudaltartschen, zu denen die Ritterfaust der Gewalt und nicht die Höflingshandschuhhand der Staatsmänner taugte, nicht zu fürchten. Während sich an heimatlichen Zuständen eine unerschöpfliche Verbesserungsbedürftigkeit darbot, gab das lebhaftere Westvolk das Verfahren an. Auf das bedauerlichste hatten die Brüderschaft die Franzosenfresser und Deutschtümler zu empfinden. Börne machte einen solchen, der sich im Postwagen einer Französin durch gewaltige Tabakswolken bemerklich machte, als Nationalfeind darauf aufmerksam, daß die alten Deutschen nicht geraucht hätten.
Das befreite die Dame von der Plage. Menzel weiß davon zu singen und zu sagen, wie die mokante Koterie zu ärgern verstand: ebenfalls die harmlosen Nachläufer der Romantik, wie die Pommersche Dichterschule, die nur etwas zu laut piepte und so unvorsichtig war, ihren Feinden den Stoff zu Hänseleien schwarz auf weiß zu geben.
Sogar der blaue Staatsrock A. Wilhelms von Schlegel, der das Unglück hatte: mit seinem hohen Kragen, den blanken Knöpfen und den fontänenhaften Achseln seine ehrenfeste Zeit zu überleben und in die spöttische junge Welt hineinzuragen, wurde trotz seiner Sauberkeit etwas stark ausgeklopft. Dieser Rock war sich gleich geblieben; er hatte nie getobt Nur hatte er sich eine Zeitlang – man bedenk und würdige es: dieser gesetzte gelehrte deutsche Professorenrock – an das genial-lockere Römerkleid der Madame de Staël angeschlossen, gewedelt und bekehrt, daß es eine Lust war. Aber er war ruhig geworden und alles um ihn ruhig; mochte auch Augusts leichtsinniges Brüderchen die Lucinde verbrochen haben, jetzt schrieb es zahme Philosophien über harmlose Sachen und sah überall den Finger Gottes.
Nur die Verachtung der Denkgesetze und die Mystik der Darstellung erinnerten an den exaltierten Heißkopf, der nun etwas schwach geworden schien.
Brentanoe büßte bei der Katharina Emmerich sein Erst-

lingswerk. Tieck schrieb geschwätzige Novellen und gab Shakespeare-Abende.
So ging die Romantik schlafen. Die patriotische Lyrik hatte sich, wie der Freiheitskrieg zu Ende ging, verloren. Der glühendste Schlachtensänger Theodor Körner, dessen kräftige Weisen nach den ewigen Klängen der Romantiker: „Könnt ich mich niederlegen..." eine wahre Erquickung sind, fiel schon vorn im Kriege, der ihn begeistert, so groß gemacht. Einige Jahre nachher starb der invalid-sanfte Max von Schenkendorf, der neben Körner etwas Müd-Abendhaftes an sich hat, wie der zweite Ostertag mit seinem Evangelium: „Herr bleibe bei uns; der Tag hat sich geneigt." Arndt und Stägemann wurden hausbacken, mit dem Siege sanken ihre Lieder. Die Paganinisaite ihrer Leier war abgespielt, die bei Arndt kräftig – und wenn auch hart, doch voll geklungen, bei Stägemann geschnarrt hatte. Friedrich Rükkert, der sich elastisch von dem zu jenem wandte, hatte schon den Ton der Liebe gegriffen, der durch den Ernst der Zeit zurückgedrängt war. Freimund Reimar war nicht mehr: Rückert, der überall heimisch, hatte mit der Vaterländerei nichts mehr zu schaffen.
Die Bestrebungen der Deutschen erstreckten sich auf ein mißbilligendes Brummen zu der „Freiheit, die ich meine", die aber ausgeblieben war, auf die edle Turnerei, um des Kaisers zu harren, der – sie wußten nicht: woher – wahrscheinlich aber aus dem Kyffhäuser kommen sollte; sie dachten dabei nur: „Mein Arm wird stark und groß mein Mut."
Kriegerisch waren sie überaus; aber wie hätten sie sich je entschließen können, die Freiheit zu fordern von dem Fürsten, der 1813 den Aufruf geschrieben. Diesem wehe zu tun, waren sie viel zu gutmütig. Gerüstete Väterkraft und Heldensinn gesammelt hätten sie in alle Ewigkeit hinein; aber ausgeführt! Und wo sie einsahen, daß es draußen nicht zu holen war, daß sie sich gegen den eigenen Staat wenden mußten, um das vorenthaltene Recht zu holen! Zu den Altvordern stand ihre Sehnsucht. Um ihnen so nahe als möglich zu kommen, wurden Hörner angeschafft und Met getrunken. Diese Vätertugend behagte ihnen schon, und Vater Arndt machte eine ganze Masse Trinklieder, die in den Kommersbüchern sich lustig verauflagen.

„Wo Mut und Kraft in deutschen Seelen flammen,
Fehlt nie das blanke Schwert beim Becherklang.“

Wie hob solch ein Lied, in deutschen Männerkreisen aus kräftigen Bierbaßkehlen gesungen, Brust und Selbstbewußtsein.

Aber die Jugend war nicht so harmlos. Die Burschenschaft in Gießen: Büchner – war durchaus nicht unverdächtig. Da wurde konspiriert. Man ging mit Revolutionsgedanken um und schrieb „Dantons Tod“. Aber das war immer noch nicht Jungdeutschland. Jungdeutschland hatte nicht in den letzten Zehnern studiert. Es hatte Begeisterung und Abdämpfung nicht so in die vollglühende Jünglingsseele bekommen. Es war nicht lavablutig und verdüstert wie Büchner, oder die unreiferen nachher ebbenden Geister wie Follen, der sich als Student die Kaiserkrone anprobierte und nachher Schweinemast trieb. Diese Jungdeutschen hatten Erhebung der Krieger und Niederknechtung der Sieger, die Niederprasselung der selbstgefachten Flammen nicht in ihrer ganzen schmetternden Gewalt gefühlt, wohl aber den unseligen Umschwung noch selbst, oder in der frischen Erinnerung daran wahrgenommen.

Ähnlich waren die Eindrücke, welche die gleichzeitig heranwachsende Generation Frankreichs empfing. Jedoch überwog da die Verheerung, wie Alfred de Musset zu Anfang seiner „Confession d'un enfant du siècle“ so ergreifend darstellt. Die große Nation war besiegt: der Held, dessen Büste Lord Byron zu großem Verdruß seiner Mitschüler auf der Schule zu Garrow hatte, verbannt.

Das war ein Sturz, der im Hinblick auf die schwächliche, von den übrigen Mächten gestützte Herrschaft zu Unzufriedenheit führte, aber zu finsterer gegenstandsloser. Dieser Zustand entsprach der nationalen Niederlage. Als diese von dem schnell heilenden Mut der Nation verwunden war, stellten sich dieselbe Wirksamkeit, dasselbe Ziel und ein gutes Einvernehmen deutscher und französischer Esprits ein. Paris schlug durch und trieb mit seiner Julirevolution die deutschen Geister weiter auf der Bahn der amüsanten Revolution, der in der Wissenschaft vorangegangen war. Modern, ohne Vorurteile, ohne Voreingenommenheit, die Form verwerfend, in einem bis dahin unerhörten Negligé, trat die Muse auf.

Gerade die Systemlosigkeit, der Bruch der Formen, der ungehemmte Naturalismus, wie er durch die morschen Gerüste des Staates und der Kirche knackte: gerade die Novelle trägt schon in ihrem Namen den klaren Stempel der Zeit. Nicht nach alten Maßstäben will sie beurteilt werden: sie ist neu. Frei von Vorschriften muß sie sich selbst geben, nackt quillt sie aus schöpferischer Seele. Sie hat keinen Halt als ihre Naturwahrheit, als ihre Tiefe, als sich selbst. Poetische Situationen, poetische Sprache sind ihr nicht gestattet: sie muß Poesie und Sprache in Lebensfrische und knappem sprachlichem Anschluß mitbringen. Statt der Herrschaft der Regel Freiheit, die aber in Selbständigkeit bestehen, sich lebensfähig erweisen muß. Im Naturalismus kann man sich nicht verstecken, deshalb sind die Novellen vielfach ausgezeichnet und die Streckverse gehaltig, während in Epos und Drama geleiert, in der Lyrik, besonders aber in den Sonetten geklimpert wird, wahre Empfindung, tiefe Musik eine Seltenheit sind.

So hängen Staatsform und Novelle zusammen. Ich wüßte keine Novelle, in der sich Sehnsucht nach Wiedereinführung der Prügel ausspräche, nach denen ein General in meiner Gegenwart für Hödel große Sehnsucht hegte. Traktätchen und Auferbauliches, Zurückführung eines verirrten Schäfleins in den Mutterschoß der Kirche sind noch nie in der zwingenden Fassung, z. B. der Zurückführung Rudolf in der Ecksteinschen „roten Jula“ zu seiner Pflicht, gegeben. Moral fort, für dein engherziges Wesen haben wir keine Verwendung in der Kunst, am allerwenigsten in deiner Widersache: der Entbundenheit. Novellenkönigin aber ist deine große freie Schwester, die Ethik. Ethik und Moral: dieselbe Bezeichnung. Aber die Griechen waren ganze Menschen, deshalb ist die griechische Sitte auch so umfassend, während die Moral zur Zeit der römischen Verdorbenheit empfunden wurde. Tugend aus Not, die Ethik faßt zusammen den Zustand und das Ziel, die Moral lockt zahnlos zu der Wohlanständigkeit, zu untüchtiger Tugend.

Auch bei den Frauen feierte der Geist seine Auferstehung. Die Rahel ist ein starker Geist, von ihrem Zirkel ging etwas jungdeutsche Bewegung aus. Neben diesem vollkräftig-jüdischen Geistesleben haben wir die christliche Charlotte Stieglitz. Ihre blasse Lebensentsagung, ihr keuscher Tod der

Weihe für das, leider, unwürdige Talent ihres Mannes: er zeigt eine Begeisterung des hohen Weibes für den Geist, eine Liebe zu dem Genius, wie sich inniger nicht die jungen Christen in den Tod gaben für den Heiland. Moralisch nicht, aber hoch-ethisch war das gehandelt. Charlotte gab ihr frisches Leben hin für die erschlaffende Poesie ihres Heinrich, um ihm den Wert der heiligen Sache, ihre Verehrung und Würde zu zeigen, dadurch ihn zur größten Anstrengung, zum tiefsten Streben zu verpflichten. Dieser reine willensfreie Opfermut für das Höchste, diese selbstlose Entäußerung der Lebenslust, die klare Überwindung der Todesfurcht, das ist eine so vernünftige Tat, eine so helle Erkenntnis, wie wir sie nur an der vollen, tiefen Erfassung einer erwarteten, durch die großen Seelen gehenden Flut, nur bei der Erscheinung des Zeitheilands wahrnehmen.
Charlotte Stieglitz starb für Jungdeutschland, für Deutschlands erstes Menschentum.
Wie frisch und heilkräftig die deutsche Jugend war, die Not, die Vernunft – bewußte Hingebung für eine geistige Sache wie bei Giordano Bruno, und hier ist Erkenntnis, ist Vernunft – nach der Gefühlsüberreizung der Romantik tat, zeigt eine Vergleichung der gesunden Tat Charlottes mit der altjungferlichen gefühlsempörten Ertränkung der armen, in einen sohnmäßig jungen Leutnant verliebten Louis Brachmann. Hier dumpf, romantisch, ziellos, überlebt; dort keusch, jungdeutsch, opferfreudig – frisch.
Eine vierte jener erregten Frauen: Bettina von Arnim ist nonnenhaft, katholisch, verehrt ihren Heiligen: Goethe.
Der Unwert der Romantik zeigt sich in der Verehrung von Schutzheiligen, in der Gefühlsumrankung, in der Bewunderung einer Größe. Sinn für Größe war da, es fehlte nur die Kraft. Von allem will mir doch der Goethe-Kultus der Arnim am besten behagen. Ein schwärmerisches Weib ist aphoristisch, bringt sehr viel Eigenes; der Seelendrang, die Erregung teilt sich mit: das Weib in seiner Meisterschaft kommt der Genialität am nächsten.
Der Seelenvorgang im Busen der hochherzigen Charlotte wäre ein guter Novellenstoff, wenn man etwas Anhalt hätte.
Gleichgültig gegen das Staatsleben, den großen Völkerfragen abgewendet, hatten unsere Klassiker ihre Poesie nicht

damit getränkt. In der Leidenszeit Deutschlands sehnte sich der Ausdruck der Zeit zum Mittelalter zurück. Mit dem Freiheitskriege kam Tatkraft, die Dichtung wurde vom Augenblick getragen, ja auch einige Dichter nur von ihm gehoben.

Doch nur während der Erhebung hielt das Feuer vor. Schon 1816 sang Uhland: „Wenn heut ein Geist herniederstiege." In die Knechtung nach den Freiheitskriegen konnte niemand hineinsingen. Es mußte erst eine neue Generation erstehen; die enttäuschte konnte nicht eine andere Lyra sich anschaffen. Da kam das unter dem Umschlag aufgewachsene Geschlecht; die anderen, vorgerückteren tödlichen Eindrücke hatten hier nur angeregt. Statt der straffer angezogenen Herrschaft, statt der vorgeschriebenen und zur Befestigung des Thrones (jetzt fast Parallele) herangezogenen gläubigen Gesinnung: Freiheit und Aufklärung, statt des verbohrten Deutschtums und Franzosenhasses, Vereinigung mit diesen.

Aus Druck und Duldung folgte, was aus einem Religionsgezänk: Verspottung beider. Das in einer Leichtigkeit und Ungezwungenheit der Sprache, wie man sie vorher nicht für möglich gehalten, und der Art, daß man in Predigten wohl von der einschmeichelnden Gestalt des bösen Geistes sprechen konnte. Gelitten hatten die jungen Kräfte nicht, sie waren frisch, neu, nur gehoben von den Gegenständen ihrer Satire, wie ein Reformator von den Übeln, welche er abstellt. In Deutschland war es das Erste, was so unverblümt und fesselnd vom Schlendrian respektierte Gewohnheiten löste.

Durch Stoß und Gegenstoß wird die Unhaltbarkeit des einen neben dem andern, der Gegensatz zwischen Freiheit und Knechtschaft hervorgeschnellt.

Noch jetzt sind diese jungen Deutschen zum größten Teil, hochverdient seitdem auf anderen Gebieten, am Leben. Lange, sehr lange scheint ihre Wirksamkeit verflossen zu sein. Das kommt daher, weil wir diese Richtung so rasch in uns aufgenommen haben, weil die Strömung im Verhältnis zu ihrer Bedeutung sehr kurz war und wir uns aus den erst jüngst erworbenen Errungenschaften nicht herausdenken können, sie für selbstverständlich annehmen. Also keineswegs ein überwundener Standpunkt. Wenn auch in manchen Literaturgeschichten mit „destruktiven Tendenzen" abgetan, noch heute sind sie lesbar. Quellenfrische wird nie ranzig.

Zu verwundern ist, daß eigenartige Geister wie Lenau und Grabbe in Sachen Gutzkow gegen Menzel auf des Letzteren Seite standen. Nur eine kurze Spanne konzentrierte sich das Streben; es war eine Phase der Jugend, wie sie bei Hofräten vom reinsten Wasser wohl vorgekommen ist, jedenfalls aber in gestandenen Tagen nicht so überlegen belächelt. Es war keine leere Extravaganz, sondern eine Erscheinung, wie sie nur unter dem Zusammentreffen von Umständen, gleich einer Goldmacher-Mischung im ersten Jugendfeuer sich zeigen konnte. Tage der Kraft, hochpoetischer Morgen!

Am längsten hat Heine sich die flockende Blütenanmut des Stiles bewahrt, „gleich als ob die Leidenschaft ihn nicht hätte gesetzt werden lassen". Die Sprache im Salon ist noch ganz so duftig, wie die der Reisebilder. Leichter, zarter ist sie vielleicht noch geworden.

Das Buch der Lieder stellt in der Lyrik am besten die Ungebundenheit der neuen Richtung dar. Absichtslos nachlässig hängen die Winden der Reime aus dem lockern Geranke. In den neuen Gedichten und dem Romanzero ist manches wüst und roh, ja plump und schmutzig, während die letzten Gedichte wieder rein und zart werden. Auch die knorrig-ungezwungene, bisweilen wie zerfressene Form wird wieder blumig wie zu Anfang.

Als der Platz kaum hinter der Kunststrenge der Klassiker frei, kaum von dem romantischen Taumel, durch dessen Dunst noch wie der Mount Everest Altmeister Goethe ragte, geräumt war, erschien und verschwand in wenig Jahren die Auflockerung, während deren Urheber zum Teil, der eine hier, der andere dort, sich in besonderen Zwecken fortbohrten.

Die schlanken Gestalten, welche so schwere Bande gelöst, der Rosendornenzweig, mit dem Gutzkow und Heine Herrn Menzel gegeißelt: alles das verschwand, und dicke neunbändige Romane wie „Der Zauberer von Rom" und „Die Ritter vom Geiste" traten als solideres, männliches Element ein. Aber es war eben der freien Strömung Tür und Tor geöffnet, und diese flutete lustig fort, auch als die Kaskaden liegenblieben. Mehr die Richtung und das Was?, als die Führung und das Worin? sind wirksam.

Das volle freie Vernunftlicht, das Wieland noch so sorglich abdämpfte, leuchtete freimütig in alle sanktionierte Winkel hinein. Hier ist der Ursprung der Novelle, der ihren Inhalt untersuchenden. Form- und rücksichtslos, nur mit dem Scharfblick für Mensch und Tier, Strauch und Stein durchdringt sie ihren Stoff. Sie verlangt die feinste tiefste Dichterkraft; trotzdem könnte man ihr keinen größeren Vorwurf machen als den des Poetischen. Ihre Pflege beginnt erst und wird noch mehr beginnen.

Was gemeinhin Novelle heißt, so die Goethesche Novelle, ist nichts weniger. Die Novelle ist das Sublimat des Dramas. Sie spinnt die Regungen von außen, wo das Drama vor verschlossener Pforte stehenbleibt, nach innen in die Seele hinein bis zum tiefsten Grunde. Da sie so nervös ist, verläuft sie am liebsten ungestört, ohne Steigerung und Krisis. Ja, die Peripetie ist Verschiebung. Die Novelle ist Janusantlitz zur Lyrik, ist objektive Empfindung.

... Die mütterliche Erde, in Fetzen zerrissen, wird verkauft, verschenkt. In welcher Rechtsbegründung steht Vermögen, das ursprünglich durch die Erde gewonnen ist, zur Erwerbung eines Anteils an ihr?
Weil du mir gegeben hast, mußt du mein sein?
Oder wer hat Anrecht auf den Boden, daß er ihn verschenken könnte?
Ich wußte keinen Verwachs zwischen Scholle und Mensch. Nur eingeschlummertes Unrecht, dessen Spitze man nicht mehr absieht!
Als die Menschen uneinig wurden, verloren sie das Recht auf die Erde. „Gleiches Recht für alle!" ist die stumme Sprache ihrer Gewährung. Die Speisen, die so verschwenderisch aufgetischten, wie schmutzig erfeilscht mochten sie sein.
Da blinken droben die unzähligen Welten in flimmerndem Frieden die ganze Nacht, während die aufdringliche Pracht der Lüsters längst kleinlich-knauserig gelöscht ist.
O diese Lüge!
So kommt zum Menschenhaß – nicht à la Kotzebue die Reue, sondern die Naturliebe, wie bei Byron, so bei Turgenjew.
So sagt Schiller: „Unser Gefühl für Natur gleicht der Empfindung des Kranken für die Gesundheit. Es ist nicht Naturmäßigkeit, was uns so schwärmerisch zu ihr zieht, sondern die Naturwidrigkeit unserer Zustände und Sitten, weil die Natur bei uns verschwunden ist, und weil wir sie nur außerhalb des Menschen in der unbeseelten Natur wiederfinden."
Lessing ist in seiner Naturgleichgültigkeit der gerade Gegensatz zu Turgenjew.
Lessing ist Reformator. Da gilt es zu arbeiten, zu zerstören und aufzubauen. Da gilt es, die wohlfeile Schwärmerei für Bach und Hirtenflöte zu vertilgen und würdige Ziele der Dichtkunst zu stecken.
Feste Umrisse, die nur der Meister ausfüllen kann, Epos und

Drama, sollen anstelle der verschwommenen Empfindsamkeit kommen, zu der jede Butterseele ihren Beitrag liefern kann.
Und dann mußte ja gerade gegen die Naturmalerei als eine Vermatschung der Künste Einspruch getan werden.
Turgenjew und Geßner!
Turgenjew und nicht die Natur; er ist ihr Seher, ihr Prophet! Er bringt keine unmöglich zurechtgestutzte Schäfer in poetischer Faulheit als Staffage an, sondern wirkliche, nur zu wirkliche Menschen, und die Natur tut als frische Luft not.
Wie gern möchte Turgenjew reformieren, aber gegen Dummheit kämpfen selbst die Götter vergebens. Er hat ja Versuche gemacht in Paul und Nekrassow, Versuche, welche die Fäulnis der Zustände erst recht offenbarten.
Lessing hatte ein Feld zur Bearbeitung. Wie der Pflüger bei der Arbeit genoß er die Natur als von selbst verständlich. Wie dieser das Entzücken der Stadtfräulein, die auch ihn als Wundertier betrachten, kopfschüttelnd belächelt, so begriff jener in seiner antiken Plastik die Natur-Sentimentalität nicht.
Wie Lenau sagt, daß ihm nur der Wechsel das Leben erträglich mache, verändert Turgenjew seinen Aufenthalt. Als Menschenfeind sucht er das Gewühl und die Einsamkeit. Er ist Flaneur und Naturschwärmer.
Er macht die Masse zu seinem Zeitvertreib; der Strudel wägt ein Gähnen auf. Darin liegt Geringschätzung.
Wie Lenau vom Homer zur Bibel greift, wechselt Turgenjew zwischen Großstadt und Land. Die Skizzen aus dem „Tagebuch eines Jägers" zeichnen ausschließlich Letzteres.
So bewegt sich der russische Pessimist in den Extremen, die aus dem Ekel an der Menschheit entspringen und im Grunde ein und dasselbe sind. Schrieb ja Descartes von Amsterdam einem Freunde, daß er hier einsamer sei in dem Gedränge als auf dem Lande!
Einsamkeit und Welt, Natur und Gesellschaft sind die Faktoren der Turgenjewschen Poesie.
Wir sehen in dem Dichter einen Universalmenschen, der die ganze Welt umfaßt, an seine Brust die vergeblich gesuchte Menschheit drücken möchte. Mit dem rechten Arm faßt er die Gesellschaft, mit dem linken drückt er die Natur an sein Herz.

Der Ausgleich fehlt; er möchte Vermittler sein, Natur und Menschheit möchte er vereinen.

Die Bestandteile zur Universalität, zur Ergänzung, zur Belebung und zur Zentralisation sind da, aber getrennt.

Mit beiden Armen hält er sie, vermag jedoch nicht sie zu seiner Brust zusammenzuziehen.

Man möchte ihn einen Atlas nennen, nicht einen gebeugten, nein, einen ausgestreckten, gekreuzigten.

Er hat die Figur des Heilands und kann nicht erlösen.

Der Übergang von der Seelen-Anatomie zum Humor stellt sich dann ein, wenn Turgenjew unter den Erbärmlichkeiten auf Erhabenes stößt, wie die aufopfernde Liebe des kindischen „Obersten", die liebreiche Pflege, welche Tatjana ihrem anmaßenden Neffen, dem verbummelten Malerpfuscher, gewährt. Nach landläufigen Begriffen wäre es herzlos, die Geduld eines verkrüppelten Mädchens humoristisch zu finden, das, ihrem Geliebten entgegenzugehen, des Abends die Treppe hinabfällt und nun schon lange Jahre in einer Scheune liegt und sich über jeden Sonnenstrahl freut, der sich durch die Ritze stiehlt (in den Skizzen aus dem „Tagebuch eines Jägers").

Wenn man unter Humor den „humoristischen" Teil eines Festprogramms begreift, gewißlich roh!

Aber, nehmen wir mit Lazarus den Humor als Verklärung des Staubes, als Idealität der Wirklichkeit, als Komik mit erhabener Spitze oder als Scherz mit Tragik (fühlen wir doch im größten Jammer Lachreiz!), so hat die Bezeichnung nichts Verletzendes.

Humoristisch ist ferner die Gemütstiefe eines rauhen ärmlichen Gutsbesitzers, die Freundschaft desselben zu einem Schwächling, die Rettung eines armen Juden aus den Mißhandlungen des Pöbels, die Weigerung gegen den Dank desselben, ein edles Roß, das er nur zu Kauf nimmt. Von seiner Geliebten, einer Zigeunerin, von seinem sterbenden Freunde verlassen, wird zum letzten Grame ihm seine einzige Freude, das Roß, gestohlen.

Mit Aufwand seines ganzen Vermögens zieht er in der Welt umher. Endlich hat er sein Roß wieder, wenn auch all sein Vermögen dahin!

Täuschung! Er führt den falschen Liebling hinaus, verscheucht ihn, und als das treue Tier wiederkehrt, erschießt ers.

Vom Fieber geschüttelt, kehrt er nach Hause; der Brannt-

wein, dem er in seiner Verlassenheit mehr und mehr zugesprochen, beschleunigt sein Ende!
Hier ist echter Humor, ein tiefes Gemüt voll Edelmut und Liebesbedürfnis, das von der Geliebten auf den Freund, von diesem auf sein Pferd, den Dank seines Edelsinns zurückverwiesen wird und des letzteren Verlust nicht überdauern kann, ein tiefes Gemüt hinter rauhen Worten und protziger Eitelkeit.
Hier grenzt das Gebiet Bret Hartes an.
Gehen wir auf dieses hinüber!
Bret Harte ist muskulös, wo Turgenjew Nerven hat. Jener gleicht an Schroffheit der Sierra, dieser hat den gesponnenen Schiller der Steppe. Beide begegnen sich in den „Kalifornischen Erzählungen" und den „Skizzen". Hier stoßen zunächst die Naturschilderungen und Stimmungsbilder aneinander, z. B. „Einsame Fahrt" (bei Harte) und „Es rasselt" (Turgenjew). Miggles ist ein Pendant zu der Verkrüppelten. Nur daß diese von ihrem Bräutigam in der Not verlassen wird, während Miggles den auf ihrem Sofa zusammengesunkenen Jim pflegt, seinethalb der Welt entsagt. Eine Freundschaft in seltsamem Kontrast zu den Trägern ist der Bund zwischen Tenessee und seinem Kompagnon. Großartig ist dies Hohelied der Freundschaft, großartig, naiv wie die „Ilias". Je geringer der Stoff, desto herrlicher entfaltet der Humor seine Pracht.
Der Humor ist mehr als Tragik. Er rührt und stimmt fröhlich. Er ist die Menschheit unten und oben gefaßt, der Mensch findet sich ganz in ihm wieder. Wir sagen: „Ein prächtiger Kerl, dieser Tenessees Kompagnon!" Um alles in der Welt möchten wir nicht seine Tollpatschigkeit vermissen, die seine Größe, seine Wesensgröße hebt, während diese umgekehrt jene erst reizend macht.
Für den Helden eines Trauerspiels könnten wir nicht diese Teilnahme empfinden, ausnahmsweise für den Erbförster von Otto Ludwig, weil dieser eine humoristische Natur ist, weil dessen Eigenheit, dessen knabenhafter Starrsinn eine Knorre seiner Geradheit ist, weil die rauhe Weise, welche er um sein weiches Herz poltert, nur Bescheidenheit und der Eigensinn, mit der er sich dem Befehle seines Freundes und seines Herrn widersetzt, nur Sorge für dessen Bestes ist.
Das Gebiet ist nicht rein gehalten, Humor ist mit dem Tragischen gemischt. Und doch ist der Humor so ganz etwas anderes als das Tragische!

Eine Schuld kennt der Humor nicht, einen Ausbruch verträgt er nicht. Wäre der Erbförster wirklich von dem Forsthause, worin schon sein Vater und Großvater gehaust, vertrieben und bettelnd mit seiner Tochter durchs Land gezogen oder dem Elend erlegen mit dem Bewußtsein, daß er seinen Unterhalt geopfert hat, um den Freund nicht auf dessen blinden Befehl hin zu schädigen mit betriebswidriger Pflanzung; er könnte nicht unglücklich sein, mit Ehrfurcht würden wir ihm auf seiner einsamen Edelbahn folgen, mit Lächeln von ihm hören, es müßte so sein! Er hätte nicht auf den Schaden des Freundes gehorchen dürfen!

Und doch, wenn alles wieder eingelenkt, wärs um den Humor geschehn, man würde die dazwischen liegende Probe nur für einen Durchgang, eine Prüfung nehmen; der humoristische Eindruck würde am Ende verwischt.

Am besten wärs, wenn der Erbförster in ein heftiges Fieber fiele und sich vor seinem Ende mit dem Freunde versöhnte, wie Scott und York in Hartes Iliade von Sandy-Bar.

Das wäre allerdings kein Drama mehr; der Humor verträgt keine aus dem Konflikt reifende Handlung. Als Trauerspiel muß das Ludwigsche Stück bleiben, wie es ist; nur ist die dramatische Form nicht die rechte für den Gegenstand.

Weshalb der Humor so etwas Belebendes hat, ja der Tragik an Weihe gleichkommt und dazu so etwas Kindliches, eine wahre Demut zeigt: der Schlüssel hierzu liegt in dem Allgemein-Menschlichen, worin der Humor den göttlichen Funken sucht und ihn anbläst, daß er leuchtet wie schmelzendes Gold.

Er macht uns sicher, wie der Graf Eberhard seinen Schlummer jedem Untertanen anvertrauen mochte. Wer über Tenessees Kompagnon sich freut, der ist ehrlich. Wir lieben den Menschen, wir glauben an unsern Wert, wenn die helle Freude an unser Herz dringt, das muß mehr als eine zwecklos mechanische Maschine sein, was solche Eindrücke aufnimmt als wesentlich, als Geistesnahrung. Was soll dieser Triumph über einen Kern, über ein Kraftzentrum, wenn es nicht da ist?

Ja, der Humor ist Glaube an Gott, Hoffnung auf Besserung, sichere Erwartung der Unsterblichkeit, er ist das Panier des Ideals.

Der Humor ist Verklärung des Lebens, realer Optimismus.

Anhang

Nachwort

1

Kaum ein Dichter der neueren deutschen Literaturgeschichte ist schon zu Lebzeiten von Gerüchten und Legenden derart umwoben gewesen wie Peter Hille. Beinamen wie „der Magus", in Anlehnung an den von Hille verehrten J. G. Hamann, wie „Höhenstrolch", eine von Hille geprägte Bezeichnung für literarische Außenseiter, wie „der Heilige" – so nannte ihn besonders Else Lasker-Schüler –, sprechen eine eigene Sprache.

Gefördert wurden die Legenden durch Peter Hilles unkonventionellen, auffallend antibürgerlichen Lebensstil, der sowohl auf biographische Einzelheiten als auch auf die Pflege seines künstlerischen Werkes keinen Wert legte. Die Inspiration, der Einfall waren für ihn bedeutsam, die Ausführung galt ihm wenig. So schlichen sich in die verschiedenen Lebensbeschreibungen über den Dichter Fehler ein; Außergewöhnliches, aber auch Zufälliges wurden betont und verhalfen Peter Hille zu einem Ruf, der zwischen den Polen „Vagabund" und „Genie" sich bewegte oder auch hin und wieder beides vereinte.

Die Legenden erhielten durch Hilles Tod am 7. Mai 1904 neue Nahrung. Von Mord wurde gesprochen, von Selbstmord; und bis in die Gegenwart hinein hält sich in literaturwissenschaftlichen Darstellungen das Gerücht, man habe Hille blutüberströmt tot auf dem Berliner Bahnhof Zehlendorf aufgefunden. Zu gut fügen derartige Details sich in das Leben des ewig Wandernden, des vom Geheimnis künstlerischer und sozialer Abenteuer Umwitterten ein. In Wahrheit war Peter Hilles Tod die nüchterne Folge eines Lebens in Armut und Not, eines Lebens fern der Gründerzeitfassaden und des Prunkes Wilhelminischer Militärparaden. Peter Hilles Tod war die Folge einer Krankheit, die in Kunstwerken jener Zeit – bei Zille und bei der Kollwitz – ergreifende Gestaltung erfahren hat: Man nannte sie die Auszehrung;

medizinisch exakt wird sie als Tuberkulose bezeichnet. Am 27. April wurde Hille von einem Blutsturz auf dem Bahnhof Zehlendorf niedergeworfen, nachdem sich bereits Anfang April die Anzeichen für das Endstadium – Ohnmachten, Übelkeit u. a. – verstärkt hatten. Wenige Tage nach dem Blutsturz brachten die Brüder Hart den Todkranken in die Klinik von Berlin-Lichterfelde, wo Peter Hille, ohne das Bewußtsein wiederzuerlangen, am 7. Mai 1904 starb.
In Mariendorf bei Berlin wurde er beerdigt; 1938 wird er auf dem St.-Matthias-Friedhof in Berlin-Mariendorf in ein Ehrengrab umgebettet.
Der Tod Hilles ist weniger geeignet, Legenden darum zu spinnen, als vielmehr, ihn als Symptom für die soziale Gefährdung eines Künstlers zu begreifen, der sich nicht in den kapitalistischen Literaturbetrieb integrieren ließ. Hilles Leben ist voller Proteste gegen die Degradierung der Kunst zu einer Ware. Bereits in den achtziger Jahren scheiterten seine Bemühungen, sich als Publizist den Lebensunterhalt zu verdienen; Liliencron, einer der treuen Freunde, schrieb über Hilles Versuche, in der Journalistik heimisch zu werden, 1888 an Hermann Friedrichs, einen der berühmten Verleger der naturalistischen Bewegung: „. . . er (Hille; R. B.) kommt immer so schlecht auf; sie hassen ihn, weil er so viel Geist hat. Ja, ja, ja, wenn einer Geist hat, der Unglückselige." Hille ist in der Literaturgeschichte des ausgehenden 19. Jahrhunderts keine Ausnahmeerscheinung, kein „verirrter Deutscher", wie ihn aus präfaschistischer Überzeugung heraus Arthur Moeller van den Bruck bezeichnete, er ist vielmehr ein besonders einprägsames Beispiel in der Literaturgeschichte des entstehenden deutschen Imperialismus, wie alle Versuche scheiterten, ideologisch-ästhetische Widersprüche mit ökonomischen bzw. verlagspolitischen Manipulationen zu klären. Hille wurde zu einem Außenseiter der deutschen Literaturentwicklung, indem sich kindliche Naivität und sozialer Protest vereinigten. Beides war nur vereinbar an der Peripherie der Gesellschaft.
Der Literaturwissenschaft fiel es bis zum heutigen Tage schwer, Peter Hille einen Platz zuzuweisen: Die einen sehen ihn als späten Romantiker, die anderen als den „zigeunerhaftesten der Dichter aus naturalistischer Zeit" (Oskar Walzel). In einem war man sich einig: Er war ein bedeutender

Dichter. Dieses Urteil konnte sich auf berufene Zeitgenossen Hilles stützen; Mühsam bezeichnete ihn als „Genie", und Karl Henckell, Freund und Mitstreiter Hilles, schrieb nach dem Tode des „unstäten Genius":

„Feinere Schwingung des Weltalls zu fühlen
Bist du begnadet, wirkender spülen
Wellen des Ozeans um deine Stirn,
Wahrer prägt sich die Welt in dein Hirn."

Die bürgerlichen Literaturwissenschaftler der Gegenwart propagieren, daß Hille „den heraufkommenden Ideen in seiner Zeit doch sehr fremd gegenüberstand" (Alois Vogedes), und kommen damit in die Nähe Moeller van den Brucks; sie nahmen nicht wahr, daß Erich Mühsam bereits Hilles „Verbundenheit mit allen Leidenden im Wissen um Freiheit und Glück" gewürdigt hatte. Anarchist für die einen, Kirchenfeind für die anderen, katholischer Menschheitsreformator und Erziehungsfanatiker; so moralisch er jenen erschien, so unmoralisch war anderen Hilles Leben und Dichtung. Vertreter des Fin de siècle und vorkämpferischer Gottsucher; immer wieder wurden Extreme mit Gestalt und Werk Peter Hilles in Verbindung gebracht. Dabei wurden vorhandene Gegensätze geflissentlich übersehen, so die Sehnsucht nach Frieden und die private Friedlosigkeit, das Wollen einer menschlichen Ordnung und das im eigenen Leben vorgeführte Chaos, die poetische Naivität und der Fragmentcharakter des Werkes, die sozialreformatorischen Pläne und der die Gesellschaft nur tangierende Wanderer durch Europa. Hilles oft zitierte Weltflucht war eine Ausnahme, aber nur in der Form, nicht im Inhalt. Arno Holz flüchtete nach der weithin erfolglosen Sozialkritik seiner naturalistischen Werke in die formalistischen Experimente des „Phantasus", Johannes Schlaf in sein geozentrisches Weltbild, Gerhart Hauptmann in die verklärte Märchenwelt seiner „Versunkenen Glocke"; Karl Henckell emigrierte nach Zürich, Otto Erich Hartleben in seine Halkyonische Akademie, Richard Voß – zu dieser Zeit mit den Naturalisten verbunden und als sozialkritischer Dichter bekannt – in das Albanergebirge; schließlich war auch die „Neue Gemeinschaft" der Harts, in der Peter Hille in der letzten Zeit seines Lebens eine Ruhestätte fand, ein Zeichen dafür, wie die bürgerlichen Dichter der naturalistischen Bewegung ihre sozialreformatorischen Programme aufgaben und ihre Lebensentwürfe individualisierten. Sie alle waren ebensowenig wie Hille „unzeitgemäße Sonderlinge“ (Ernst Timmermann), sondern schufen mit ihrem antiautoritären Lebensstil für *ihre* Kunst eine Überlebensmöglichkeit. Deshalb fügt sich diese Kunst, insbesondere die Kunst Hilles, so schwer in ein vorgeordnetes Register ein, zumal die vielfältigen Erscheinungen dieser Kunst, vereinzelt betrachtet, gegensätzliche Deutungen zulassen.

Bei aller Belesenheit, bei einer beeindruckenden literarischen Bildung verfiel Hille nirgends einer Modeströmung, sondern ging konsequent den Weg einer eigenen Welteroberung zu Ende. Sein Grundsatz war, in mehreren Varianten an verschiedenen Stellen vorgetragen: „Ich bin mir selber Gesetz: Raum aber hat es nicht nur für die Welt, so weit sie ist“ (Die Hassenburg). Hier ist Hille mit Morgenstern verwandt; beide führte dieses Prinzip nicht nur zu einer fast mythischen Naturbetrachtung, sondern vor allen Dingen zu grotesk anmutenden Abbildern der Gegenwart. Hervorgehoben werden muß auch die Poesie der Kindlichkeit, die längst nicht mehr im klassischen Sinne „naiv“, sondern vielmehr in einem hohen Maße reflektierend abstrahiert ist: Die bewahrte Kindlichkeit, erhalten durch den Verzicht auf bürgerliche Sicherheit, bedeutete Sonderstellung und sicherte den Platz an der Peripherie des literarischen Marktes. Hilles scheinbare Kindlichkeit entsprach, berücksichtigt man die Mentalität des Dichters, den zur Degeneration strebenden Gestalten der Schauspiele Hermann Bahrs, den phantastischen Träumereien in Gerhart Hauptmanns „Hanneles Himmelfahrt“, den Gesetzesbrechern in den Dramen von Henrik Ibsen bis zu den Figuren der Romane von Max Kretzer. Abseitigkeit bedeutete Ausbruch aus der Uniformität der wilhelminischen Kunst; sie bedeutete auch eine überblickbare Wirklichkeit. – Mit kindlich wachen Augen und einer bewußt ungebrochenen Freude am Menschen und der Natur ging der Dichter zwischen den Dingen seiner Zeit und ihren Erscheinungen umher. Über politische Ereignisse wurde selten reflektiert – Namen wie der Bismarcks oder der des damaligen Präsidenten des Reichstages Graf

Ballestrem fallen selten und dann meist in außergewöhnlichen Zusammenhängen. Aber auch die technischen Errungenschaften des 19. Jahrhunderts, die in der naturalistischen Dichtung Bedeutung erlangten, bedeuteten für Hille wenig. Technik ist ihm ebenso perfektioniert wie die Politik, beides ist für den empfindsamen Menschen undurchsichtig, beides birgt Brutalität in sich. Dagegen setzt Hille ein natürliches Leben, das er sich jedoch nur als Traum errichten kann. Deshalb wird in seinen Gedichten kaum etwas erklärt, sie werden kaum organisiert. Die Metaphern verselbständigen sich, erhalten Eigenwert:

Knabe

Hält die Augen in die Welt
Wie zwei schwarze Renner.
Zügelt sie kaum,
Aller Helden Held:
Weit dein Traum,
Reich ohne Raum.

Auch die Landschaften in Hilles Gedichten sind, bei aller Bewegung, ja Beunruhigung in sich ruhend und führen immer zu statischen Ausgangspunkten zurück, von denen aus sie beschreibbar werden („Seegesicht"). Die Bewegung vollzieht sich in Hilles Dichtung als Bestätigung einer natürlichen Welt. Alles Bewegende setzt bei Hille expressiv ein, ohne daß jedoch das Gleichgewicht der beschriebenen Landschaften gestört würde. Das Gedicht „Seegesicht" beginnt und endet mit „Die Küste ruht". In diesen harmonisch abgeschlossenen Landschaftsausschnitten vollzieht sich das Leben der lyrischen Subjekte Hilles: Sie sind der den Menschen bedrohenden Großstadt entflohen und verschließen sich vor den industriellen Bereichen. Störungen und Gefährdungen dieser rettenden Naturinseln lassen Hilles lyrische Subjekte nicht zu; lieber verzichten sie auf Verständigungsmöglichkeiten und beschränken sich auf Gespräche mit Kindern und Vaganten. Diese Gespräche können verkürzt, aphoristisch geführt werden, so daß oftmals die Metaphern der Hilleschen Dichtung kaum noch dechiffriert werden können. Trotzdem will Hille Kunst und Literatur als „gesellschaftliche Therapeutik" verstanden wissen, wie es auf dem Titelblatt des Romans „Die Sozialisten“ zu lesen ist. Aber die Verständigungsebene zwischen dem Außenseiter und der Gesellschaft ist die Ironie, die von vornherein erneut gegenseitige Mißverständnisse in sich birgt. Beispiele dafür finden sich bei Zeitgenossen und Interpreten in großer Zahl. Eines sei stellvertretend für sie genannt: Hilles „Vorgeschmack“ ist eine glänzende Satire auf die Borniertheit des deutschen Militarismus; wo dieser herrscht, „wird nie die Pest der modernen Frauenbewegung Eingang finden, wird nie der Nietzsche, der Ibsen, der Jacobsen die Eschstruth verdrängen“. Diese Satire wurde von dem bekannten Hille-Forscher Walther Pfannmüller dahingehend interpretiert, daß nach „Hilles Meinung ... dieses Städtchen von den sittlichen Umwälzungen der modernen Zeit unberührt bleiben wird“!

2

Peter Hille wurde am 11. September 1854 im Schulhaus zu Erwitzen bei Driburg (Westfalen) geboren. Nur selten ist der Dichter später auf seine Heimat zu sprechen gekommen, am ausführlichsten in seinem Roman „Die Hassenburg“, am polemischsten in einigen Kabarettbeiträgen. Obwohl Erwitzen, auch heute noch weitgehend isoliert, gerade die von Hille erstrebte Naturnähe ermöglicht hätte, nutzte der Dichter die scheinbar idealen Voraussetzungen nicht. Bereits hier deutet sich an, wie Hilles Naturliebe aus anderen Quellen als denen einer ungebrochenen Natur-Mensch-Beziehung gespeist wird. Auch Westfalen, zu dieser Zeit erst am Beginn einer umfangreichen Industrialisierung, galt Hille ganz und gar nicht als Muster unzerstörter Natürlichkeit. Vielmehr vernichtet, wie Hille in der „Hassenburg“ schreibt, die „strotzende Daseinsfülle“ den „Lebenskeim“, macht ihn „gedunsen, dumpf und stumpf“. In anderem Zusammenhang soll Hille das Urteil über seine Heimat noch schroffer, aphoristisch zugespitzt gefällt haben, wie Ludwig Schröder mitteilt: „Westfalen est sine pi, sine pu, sine con, sine veri.“ (Westfalen ist ohne Frömmigkeit, ohne Scham, ohne Gewissen, ohne Wahrheit.) Die Kritik an Westfalen stellt sich immer deutlicher als eine Kritik am Deutschen Reich von

1871 heraus, für das Westfalen zum Exempel wird: Es ist das Beispiel einer verzerrten, archaisch gewordenen Landschaft, in der die Traditionen bereits Teil eines kapitalistischen Kulturbetriebes geworden sind. Nirgends wird das deutlicher als in der Schilderung einer Hochzeit in dem Roman „Die Hassenburg": „Von selbst kommt hier nichts, alles muß künstlich gemacht werden." – Wie das Verhältnis zur Heimat war auch das Verhältnis zu den Eltern stets getrübt. Peter Hille erfüllte nicht die Erwartungen, ähnliche wohlgeordnete Beamtenverhältnisse anzustreben, wie sie der Vater Friedrich Wilhelm Hille als Rentmeister und Lehrer erreicht hatte. Die Lebensführung des jungen Hille galt sowohl den Eltern als auch dem Vorgesetzten des Vaters, Freiherrn von der Borg in Holzhausen, als ungewöhnlich und kritikwürdig; noch 1913 bestätigte von der Borg, daß Hille „seinem Vater viel Sorgen gemacht" habe. – Ganz und gar entfernte sich Hille von seinen Brüdern Xaver, dem späteren Franziskanermönch Kilian, und Philipp, dem Weltgeistlichen in Paderborn und Berlin. Ein Abbild der tief empfundenen Erziehungsmisere schuf Hille in seiner Erziehungstragödie „Des Platonikers Sohn". Petrarcas Sohn Giovanni kann in vieler Hinsicht mit Peter Hille identifiziert werden; als „verklärte Gestalt" spricht Giovanni zum Vater: „Du hieltest mich im Dunkel und blutverleugnender Entfremdung, weil ich nicht sprang aus deinen Wünschen und anders wuchs. Du warst ein arger Gärtner in deiner strengen toten Kunst und Gelehrsamkeit, ein tödlicher. Du setztest gefangen mit früherem Leben und ersticktest mit einer Mumie." – Ähnlich wie die etwa gleichaltrigen Schriftsteller M. G. Conrad, Heinrich und Julius Hart und Wolfgang Kirchbach wurde auch für Hille die Schule zu einem „Leisten", auf den man „gezogen und gezerrt" wird. War noch das Warburger Progymnasium erträglich (1871–1874), so wurde das Gymnasium in Münster zur Qual. Entspannung und Interessenbefriedigung suchte der junge Hille in einer geheimen Schülerverbindung, in der man Marx, Bebel, Darwin, auch die Werke von Hamann und Proudhon las. Gutzkow und Ludwig Büchner galten als Vorbilder; man nannte sich „Satrebil" und bezog sich damit auf das „Libertas" der Französischen Revolution von 1789. Huldigungstelegramme an Ernst Haeckel und Wilhelm Liebknecht zeigen das emotionale

Engagement der jungen Dichter für die fortschrittliche Naturwissenschaft und den Kampf des Proletariats. Aus dieser Zeit stammt die lebenslange Freundschaft zwischen Peter Hille und den Brüdern Hart.
Auch die ersten Gedichte entstanden in dieser Zeit. Hilles lyrische Anfänge gingen vom Volkslied aus, wie „Der fahrende Scholar“ erkennen läßt. Aber bereits in diesen ersten Gedichten wird Hilles Bemühen um konzentrierteste Anschaulichkeit sichtbar, indem auf der Suche nach dem wirkungsvollsten, prägnantesten Ausdruck – später sollte das expressionistischem Wollen sehr nahe kommen – hin und wieder eine Verkürzung bis zum Klischee eintrat:

„So viel Maßlieb, als da prangen,
So viel Dornen als gestellt
Muntere Vöglein, die da sangen,
Grüne Jäger auf dem Feld;
Wie dem Bächlein Wellen rinnen
So viel mal hab ich mein Sinnen
Liebste mein, auf dich gestellt.“

Erste Erfolge hatte Hille in der handgeschriebenen Schülerzeitschrift „Herz und Geist“, die er gemeinsam mit den Harts herausgab, jedoch wurde die sich langsam anbahnende Entwicklung zum Dichter jäh unterbrochen, da Hille 1874 das Gymnasium in der Unterprima verlassen mußte: In sechs Fächern lagen „ungenügende“ Leistungen vor. – Das Leben verlief nunmehr zwar abwechslungsreich, aber in jeder Hinsicht enttäuschend: Als Protokollschreiber beim Staatsanwalt in Höxter sah er sich erneut mit der Beamtenlaufbahn konfrontiert und trennte sich endgültig von ihr. Als Korrektor in einer Leipziger Druckerei ließ sich die tötende Gleichförmigkeit der Arbeit nicht mit den zahlreichen Vorlesungen in Einklang bringen, die Hille besuchte. Diesem neuen Scheitern folgte eine Art „Schutzhaft“ bei einer Tante, die ihm nur den Ausgang zur Messe gestattete.
Als von Bremen her die Brüder Hart die ersten Attacken gegen die reichsdeutsche Kunst und Literatur ritten, schloß Hille sich ihnen sofort an und unterstützte sie bei der redaktionellen Arbeit. – Hille hatte bereits frühzeitig mit publizistischer Tätigkeit begonnen; sie begleitete ihn sein

ganzes Leben und bedeutete oft die einzige Möglichkeit zum Broterwerb. Bereits an der „Deutschen Dichtung. Organ für Dichtung und Kritik", von den Brüdern Hart 1877 ins Leben gerufen, beteiligte sich Hille als Mitarbeiter; vor allen Dingen wurden darin seine ersten Gedichte einem größeren Publikum vorgestellt. Es handelte sich um „Das Vergißmeinnicht" und um den weitaus gewichtigeren „Prometheus". Bemerkenswerter jedoch sind seine literaturwissenschaftlichen Exkurse, die er für die „Deutschen Monatsblätter. Centralorgan für das literarische Leben der Gegenwart" schrieb. Sie lassen sich durchaus den gleichzeitig erschienenen programmatischen Aufsätzen der Harts zuordnen, mit denen die naturalistische Bewegung eingeleitet wurde. Die drei Essays Hilles – „Die Literatur der Erkenntnis und der Humor". „Zur Geschichte der Novelle" und „Eichendorffs Lyrik" – gehen von der Voraussetzung aus, daß Kunst und Politik sich gegenseitig beeinflussen. Besonders nachdrücklich geht er in seinem Abriß zur Geschichte der Novelle darauf ein: Die Novelle ist ihm das Ergebnis eines durch Revolutionen morsch gewordenen Staatsgefüges; sie bedeutet Bruch mit der Herkömmlichkeit, Zerstörung der Konventionalität, sie trägt „den klaren Stempel der Zeit" Auch die Vorbilder, die von Hille genannt werden, entsprechen ganz der Orientierung der Brüder Hart: Heinrich Heine, dessen Gedichte „am besten die Ungebundenheit der neuen Richtung" charakterisieren, Turgenjew, weil er „wirkliche, nur zu wirkliche Menschen" gestalte, und Bret Harte, dessen Werke „großartig, naiv wie die Ilias" seien. Die gleichen Namen, mit ähnlichen Bewertungen versehen, finden sich in Heinrich Harts Aufsatz „Neue Welt", erschienen in der gleichen Zeitschrift, bekannt geworden als das erste bedeutsame Dokument der naturalistischen Dichtergeneration.
Deutlicher als die Harts sieht Hille die Weiterführung von Traditionen. Zwar polemisiert auch er gegen die deutsche Klassik – den Goethe der „Iphigenie" und den Schiller der „Maria Stuart" –, und er meint mit dieser Kritik weniger die Klassiker als vielmehr die Klassizisten, die Zeitgenossen wie Heyse und Wildenbruch, die sich als legitime Erben der Klassiker betrachteten, aber Hille sieht sehr deutlich die Zusammenhänge zwischen den revolutionären Ereignissen seit 1830 und einer Kunst, die „erst frisch mit modernem An-

hauch in die neuere Zeit" stürmt. Die Jungdeutschen und Büchner erkennt Hille als die Ahnherren der jüngsten literarischen Entwicklung; er spricht damit Beziehungen an, die von anderen Dichtern erst viel später bestätigt wurden. Darüber hinaus fixiert Hille poetologische Grundsätze, die einzigen logisch entwickelten in seinem Gesamtschaffen, diejenigen, die dieses Schaffen konstituieren. Dichtung ist ihm keine logisch faßbare, damit rational gestaltbare Erscheinung, sondern sie ist ihm die Fixierung eines Augenblicks. In seinem Essay „Eichendorffs Lyrik" formulierte er dieses Prinzip deutlich: „Im Anhauch strömt dem Dichter ein Ganzes zu. Klang und Gedanke. Dieser letztere findet im elektrischen Ruck seine einzig poetische Verkörperung. Diesen Moment, diese augenblickliche Vermählung muß man erhaschen, verewigen die Erscheinung. Ist die Glut versprüht, steht der Dichter nüchtern da wie jedes andere Menschenkind." Das Aphoristische seines Werkes wird damit theoretisch legitimiert; das Punktuelle seiner Lyrik, das alle Entwicklung ausschließt und weitgehend auch auf Vorgänge verzichtet, ist damit zum kunstmethodischen Grundsatz erhoben worden. Der Verzicht auf jede Bearbeitung, dem Hille zeit seines Lebens huldigte, war allerdings auch die Konsequenz des Dichters, dem Inhalt die Priorität zuzugestehen und jede formale Änderung als Verlust der inhaltlichen Ursprünglichkeit zu sehen. Daraus resultieren die zahlreichen Entgleisungen, vor allen Dingen in der Lyrik; peinliche Sentimentalitäten, Kitschelemente finden sich inmitten gelungenster Verse:

„Bin von Seimen überfließend!
Tags rings in Runde gießend,
Wohin meine Blicke schenkten.
Alles sprießend!"

(„Der Tag und die Sonne")

Die für Hille charakteristische lyrische Subjektivität sieht ihre Aufgabe darin, Stimmungen bei verwandten Naturen zu bestätigen. Nicht mit dem rationalen Durchdringen, sondern mit emotionaler Übereinstimmung sind die Gedichte Hilles zu begreifen. Die lyrische Subjektivität objektiviert sich selbst durch das ausdrückliche Verlangen nach dem gleichge-

stimmten Partner; Kommunikation mit der Dichtung Hilles ist, nach Meinung des Dichters, nur möglich durch „geistigen Magnetismus". Hilles lyrische Subjektivität ist dadurch gekennzeichnet, daß sie die gesamte Welt begreifen möchte, daß sie Welt und Natur in sich aufsaugen will, immer jedoch im Bestreben, bei dieser Vereinigung nicht mit dem vereinzelten Menschen, mit dem isolierten Naturereignis zusammentreffen zu müssen. Die Furcht vor den Menschen, vor der Gesellschaft wird kompensiert durch eine sich universal gebärdende Naturliebe. Bei dieser Gelegenheit mußte Hille mit den Dichtern der Romantik ins Gericht gehen, in deren Naturverehrung und Naturdichtung Hille eine „Gefühlsüberreizung" und mystische Verschleierung echter patriotischer Gefühle sah. Selbst der hochverehrte Eichendorff, dessen Naturgedichte von Hille aus der Romantik ausgeklammert wurden, verfiel mit seinen Zeitgedichten scharfer Kritik, denn sie seien „dürr und gemacht". Einen schärferen Vorwurf als den, ein Gedicht „gemacht" zu haben, hat Hille niemals erhoben. Das bedeutete in seinen Augen eine Todsünde, Verrat an der über alles gestellten Schöpferkraft.
Die „Deutschen Monatsblätter", eine nur kurzlebige Zeitschrift, erwies sich bei aller Heterogenität ihrer Mitarbeiter und Beiträge als ein wesentliches Organ zur Vorbereitung des deutschen Naturalismus, besonders durch die Intensität, mit der gesellschaftlich-politische Fragestellungen abgehandelt wurden. Im gleichen Jahre, in dem Bismarck mit dem Sozialistengesetz die Arbeiterklasse in seine Gewalt zu bekommen hoffte, beriefen sich die „Deutschen Monatsblätter" auf die „große, kulturhistorische Bedeutung", die der Sozialismus habe, vor allen Dingen, „was Erhöhung der idealen und sittlichen Bedürfnisse betrifft". Hier wurde eine Tendenz deutlich, die die besten Arbeiten des Naturalismus auszeichnete: die Verbindung des Kunstwerkes mit dem Kampf des Proletariats. Hier müssen auch die ersten Anregungen für Hilles Roman „Die Sozialisten" gesehen werden.
Auch in anderen Zeitschriften der Harts publizierte Hille, und erst, als die publizistische Tätigkeit von Heinrich und Julius abgelöst wurde durch monumentale literarische Vorhaben, gab Hille Arbeiten an M. G. Conrads „Gesellschaft" und das „Magazin für die Literatur des In- und Auslandes",

führende Zeitschriften der naturalistischen Bewegung. Aber auch dann blieb die Verbindung zu den Harts erhalten; selbst auf die Ausbildung von deren monistischer Weltsicht, niedergelegt vor allen Dingen in Julius Harts „Der neue Gott", dürfte Hille maßgeblichen Einfluß genommen haben, indem er mit seiner Dichtung ein Beispiel geben wollte, wie natürliche Sachverhalte ein poetisch-mythisches Eigenleben erreichen können.

In dieser Zeit, die vielleicht die geordnetste in Hilles Leben war, schrieb Victor Hugo jenen Brief an Hille, auf den er sich gern bezog: „Sie sind von der großen Legion des Geistes. Ich schüttele Ihnen die Hand." Mit diesen Zeilen verschaffte sich Hille während seines Aufenthaltes in London Einlaß bei Swinburne, von dem vielleicht auch der Hinweis auf die Brontës gegeben wurde, über den noch zu reden sein wird.

Der Aufenthalt in Bremen war kurz; die Beschäftigung am „Bremer Tageblatt", einer sozialdemokratischen Zeitung, bedeutete eine Übergangslösung. Hille wollte nunmehr ein Zentrum der Arbeiterbewegung kennenlernen, sich weiterbilden und Erfahrungen sammeln. Es begann die ruhelose Wanderung durch Europa, die ihn zuerst 1880 nach London führte. Hier konnte er seine sozialen Ambitionen voll befriedigen: Er lebte in den Elendsvierteln, lernte äußerste soziale Not kennen und wurde zum Freund der Ausgestoßenen, der an der Peripherie der Gesellschaft Lebenden. London bedeutete auch Begegnung mit Sozialisten und Anarchisten; hier erhielt Hille seinen entscheidenden Unterricht in Sozialwissenschaften.

Aber auch der Weltliteratur widmete er sich, der Geschichte der Philosophie; er las englische Literatur und trug sich mit zahlreichen eigenen Plänen. Vieles aus dieser Zeit liegt im Dunkel, nur wenige Materialien wie Benutzungsscheine des Britischen Museums geben einige Aufschlüsse.

Mit dem Rest einer Erbschaft finanzierte Peter Hille 1884 eine holländische Schauspielertruppe, die bald bankrott ging und damit auch Hilles finanzielle Lage zum Ruin führte. Hilles Anliegen war es, seine Londoner Erfahrungen in einem Kollektiv anzuwenden und mit moralischen Beweggründen ein Ensemble zu schaffen, das sowohl in ethischer als auch ästhetischer Hinsicht ein Muster sein sollte. Aber

Hilles Erwartungen auf eine ästhetische Erziehung des Menschen erfüllten sich nicht. Völlig verarmt, begann Hille ein abenteuerliches vagabundierendes Leben.

Alle entscheidenden Lebensvorgänge wurden von Hille nur am Rande poetisch verarbeitet; die Abläufe ließen sich nur selten mit Hilles Prinzip vereinen, den Moment beschreiben zu wollen. So finden sich auch nur sehr spärliche Zeugnisse für Hilles Vagantendasein, z. B. sein Gedicht „Vagantenweihe“. Deutlichere, weil unmittelbarere Rückschlüsse läßt jedoch das Gedicht in Prosa „Höhenstrolch“ zu:

„Ein großer Lump schreitet durch die Himmel. Seine gewaltigen Knie verlieren sich im strahlenden Glanz.

Aus allen Taschen muß es fallen, aus allen zerrissenen Taschen.

Und der lallende Schritt in schreienden Schuhen, stark und fröhlich singt er weiter. Und allen Gassenjungen der weiten Welt – in grinsend kichernder Freude –, lautlos schlau, sammeln die goldene Ernte hinter diesem verwahrlosten Schreiten!

Was für ein Lump: der Weltbeglücker.“

Ein Selbstporträt wird hier gegeben. Hille betont das Bettlerhafte, Zerlumpte, verzichtet nicht nur auf alles Bedauern über diesen Zustand, sondern sieht gerade dadurch die Möglichkeit zu vollständiger künstlerischer Freiheit gegeben, die ihm die Himmel öffnet und seine Kunst so weit wie möglich verbreitet, eifrigste Sammler der aus einer unerschöpflichen Quelle kommenden Gaben – gemeint sind Hilles Gedichte auf Zetteln und Zeitungen, Speisekarten und Postkarten – sind die ärmsten Kinder, die Gassenjungen. Das universale Weltgefühl, in das sich Hille gerettet hatte, wird nun nochmals erweitert. Zwar ist auch hier der allumfassende Gedanke noch vorhanden („der weiten Welt“), aber der Höhenstrolch steht über der Welt, er ist in den Himmel eingegangen. Die Höhe, damit die Distanz wird betont: Bereits die Knie verlieren sich im himmlischen Glanz. – Noch deutlicher als früher ist Hille bereit, seine Dichtungen über die Welt auszuschütten, wenn ihm dafür seine Außenseiterstellung erhalten bleibt. Aus der Not der Armut machte Hille die Tugend des dichtenden Vaganten.

In den achtziger Jahren begann, bei aller materiellen Not des Dichters, für ihn ein reges geistiges Leben; die Anfänge bedeutungsvoller Freundschaften finden sich hier. Vor allen engagierte sich Detlev von Liliencron für den Dichter. Anfangs war es die dichterische Begabung, die Liliencron aufhorchen ließ. Sie unterschied sich nach seiner Meinung deutlich von der „jetzigen neuen Generation der Dichter" (Brief vom 11. Juli 1885 an Hermann Friedrichs). Bald darauf wurden die Beziehungen freundschaftlicher und führten 1887 zur persönlichen Begegnung der Dichter in Kellinghusen. Wohlwollend reagierte Liliencron auf Hilles Zeitschrift „Völkermuse. Kritisches Schneidemühl", die heute völlig verschollen ist. Aus Liliencrons Feder stammt eine der seltenen Einschätzungen zu dieser Zeitschrift: „... es ist nur für die äußersten, alleräußersten geistigen Spitzen unserer Deutschen geschrieben. Zu viel Kaviar! Wer ist Hille? Jedenfalls ein *sehr* geistreicher Mensch." Es läßt sich aus dieser Äußerung schließen, daß Hilles nur in zwei Nummern erschienene Zeitschrift vorwiegend der literarischen Polemik diente. Innerhalb der verschiedenen naturalistischen Gruppierungen, wie sie sich in München und Berlin, in Leipzig und Dresden bildeten, versuchte Hille, seine Position zu behaupten, indem er die Beiträge der anderen Mitstreiter analysierte. Dieser Vorgang führte zu einer Reihe von Dichternoten, die später in verschiedener Weise gedruckt wurden: Einmal als literaturwissenschaftlicher Stichwortkatalog („Deutsche Dichter der Gegenwart"), zum anderen als höchst abstrahierte und pointiert zugespitzte Notate („Dichternoten"). In der „Völkermuse" hat Hille vermutlich mit diesen Positionsbestimmungen begonnen; darauf deuten Liliencrons Frage „Wer ist Hille?" und die unwillige Feststellung, daß das über ihn selbst Geschriebene „recht albern" sei. Unter den „Dichtern der Gegenwart" findet sich eine Liliencron-Einschätzung, die sowohl Liliencrons Frage provoziert haben könnte („was ist Liliencron?") als auch seinen Unwillen erregt haben dürfte: Liliencron ist, so Hille, „der Menschenfreund, fast die gute Gesellschaft des Krieges. Und sonst ein deutscher Muselmann, ein Muselmann mit treuen, tiefen Kornblumenaugen." Während es Hille gelang, sowohl den Klassikern mit einer Art Formel gerecht zu werden („Goethe: das wache Selbst") als auch die Zeitgenossen exakt einzuschätzen („Gerhart Hauptmann: Rübezahl im Armenhause"), blieben die Einschätzungen ihm ähnlicher Dichter wie auch die Beschreibung der eigenen Besonderheit unscharf und gaben Fehldeutungen Raum. Das trifft für Liliencron ebenso zu wie für O. E. Hartleben, für die Lasker-Schüler wie für Hille selbst. Diese Dichter waren Hilles insularer Poesie und seiner sich bewußt isolierenden Poetik zu nahe verwandt, als daß er sie hätte in eine Distanz versetzen können, die ihm die gleiche Objektivität wie bei der Beurteilung anderer Schriftsteller ermöglichte.

Liliencron fühlte sich selbst Hille verwandt, bezeichnete ihn mehrfach als bedeutenden Dichter, als den besten Kenner nicht nur der heimischen, sondern auch der ausländischen Literaturen und bewertete ihn als „sehr tief". Höheres Lob hatte Detlev von Liliencron nicht zu vergeben.

Hilles Bemühungen um eine eigene Positionsbestimmung und der Zwang, sich mit journalistischen Beiträgen den Lebensunterhalt verdienen zu müssen, führten ihn immer enger an die naturalistische Bewegung heran, deren Geschichtsschreiber er werden wollte. Bereits 1888 arbeitete Hille an einem Aufsatz „Der deutsche Naturalismus", von dem allerdings lediglich die „Deutschen Dichter der Gegenwart" erhalten geblieben sein dürften. Keinesfalls jedoch sollte es eine polemische Darstellung des Naturalismus werden. Vielmehr fühlte Hille sich im Kampf gegen die wilhelminische Literatur, gegen französische Salondramatik und ihre deutschen Nachahmer („Ludwig Fulda oder der parfümierte Sturm") verbunden. Lediglich in den Theoremen einer erstrebten Literatur unterschieden sich Hille und die deutschen Naturalisten zu dieser Zeit.

Materielle Schwierigkeiten ließen jedoch auch diese Arbeit nicht zu einem Ende kommen: Der Winter 1888/89 sah Hille am Rande seiner Kräfte, Blut spuckend und krank; und Liliencron schrieb an Hermann Heiberg: „Peter Hille, der geistvollste Dichter der Jetztzeit, stirbt zur Zeit aus Hunger und weil er keine Sohlen mehr hat . . . und sein Volk, ja dieses Skat- und Biervolk, läßt ihn höhnisch sterben." – Karl Henckell brachte Hilfe; das Frühjahr 1889 sah beide Dichter in Zürich. Es kam zu Begegnungen mit Arnold Böcklin, auf dessen 75. Geburtstag Hille ein bemerkenswertes Gedicht schrieb, das sowohl Böcklins bewußte Zeitentrücktheit begriff („Aus tiefem Sande grinsen fremde Zeichen") als auch die Grenzen seiner künstlerischen Widerspiegelung sah („Die großen stummen Seelen bitten / der ungeheuren Dinge und der wilden Welt: / ,Du bist nun da; so löse uns die Lippen; / du weißt uns alle träumen unser Brausen!'"). Hille lernte auch Gottfried Keller persönlich kennen und bezog ihn später in seine „Deutschen Dichter der Gegenwart" ein: „Gehört auch noch dazu." Interessant ist Hilles Keller-Darstellung durch die Informationen über „Romeo und Julia auf dem Dorfe" und die Identifikation Hilles mit diesem Werk, das er als „keusch und sinnenglühend" bezeichnet. Nur selten findet sich in Hilles Werk eine so deutliche Distanzierung von „göttlichen Geboten", Hinweis darauf, wie weit sich Hille vom Dogma der Kirche entfernt hatte.

Der Schweizer Aufenthalt bedeutete nur kurze Zeit Ruhe. Bald brach Hille zu erneuter Wanderschaft auf. Italien lockte ihn, auch Ungarn, Tirol, wahrscheinlich sogar Spanien – jedenfalls weisen einige Angaben in dem Roman „Die Hassenburg" darauf hin –, hießen die Stationen eines abenteuerlichen und wirren Lebens. 1891 flehte Hille, völlig mittellos, die Harts um Hilfe an. In doppelter Weise drohte Hille der Ruin: Einmal war er völlig mittellos der Fremde ausgeliefert, zum anderen wurde dieser Zustand von Bekannten – wahrscheinlich vor allen Dingen von John Henry Mackay – genutzt, um Hilles poetische Kraft, die nur an der Peripherie des politischen und gesellschaftlichen Lebens gedeihen wollte, in den Dienst extremer literarischer Gruppierungen zu zwingen. Hilles Individualismus und Mackays Anarchismus, geschult an Max Stirner, schlossen sich aus, weil Hilles Individualismus bei aller Vereinzelung auf die Gesellschaft gerichtet war, mehrfach akzentuiert sogar auf das Proletariat und die „Gassenjungen", denen seine Kunst Schönheitsvorstellungen vermitteln wollte. Während Mackay in seinem Roman „Die Anarchisten" die These aufstellte, daß Kultur und Zivilisation erst dann möglich seien, wenn alle Formen des Staates geschwunden sind, ist nach Hilles Auffassung Kunst gerade dazu da, um die Menschwerdung des Menschen zu unterstützen und seine Selbstbefreiung voranzutreiben: Unter dem Stichwort „Gesellschaft" findet sich in der „Enzyklopädie der Kleinigkeiten": „Sprache ist schon Gesellschaft. Wer deutlich angenehme Laute spricht, hat auch andere Eigenschaften gebildet und ist anderem etwas wert."

3

Es ist nun an der Zeit, der bisherigen weitgehend biographisch angelegten Darstellung die Einzelinterpretationen an die Seite zu stellen.

Besonders aufschlußreich ist für den Beginn des poetischen Schaffens Hilles „Prometheus". Hier tritt die Dichterpersönlichkeit auf ihrem historischen Hintergrund hervor. – Nicht nur von der Antike her, sondern vor allen Dingen in Beziehung zu Goethes „Prometheus" bietet sich die Betrachtung an. Hilles Prometheus ist ein leidender Prometheus, der in den Folgen seiner Tat – die Bestrafung für den Raub des Feuers – Glückserfüllung findet. Dieses Leiden erfährt deshalb einen Umschwung in Glück, weil der Mensch als Schöpfung Prometheus' diese Leiden wert ist. Es ist nicht der sieghafte Prometheus Goethes, der den Göttern in unabhängiger Macht begegnet, sondern es ist der machtlose gefesselte Held, der durch die von ihm erduldeten Qualen das Recht des Menschen auf seine Selbstverwirklichung erkämpft. Hilles Prometheus fordert die einmalige Tat, deren Folgen für den einzelnen Leiden und Qual, für die Menschheit jedoch Entwicklung bringt. Frühzeitig bildete sich in Hille dieses auf Isolation zielende, aber für die Gemeinschaft tätige Menschenbild heraus. Die Kommunikation zwischen dem einzelnen und der Gesellschaft ist jedoch einseitig: Zum Schöpfer kann der einzelne nur werden, wenn ihm seine Position an der Peripherie der Gesellschaft erhalten bleibt; er ist für die Menschen tätig, ohne je Resonanz zu erwarten. Das war für die Sagengestalt des Prometheus durchaus realisierbar, weil die Folgen seiner Tat auch ohne die entsprechende zweiseitige Verständigung zwischen Prometheus und den Menschen bewußt sind. Schwieriger wurde es für Hille, den Verzicht auf den Dialog für sich und die Gestalten der Gegenwart einzuhalten. Deshalb finden sich sowohl in der Lyrik als auch in Prosa und Dramatik fast ausschließlich Gestalten einer überschaubaren und bewertbaren Vergangenheit, Sappho und Sophokles, Salome und Antinous, Lord Byron und Kleist, Giordano Bruno und Petöfi. Diese willkürliche Reihung ließe sich fortsetzen; aber auch dann würde eines deutlich werden: Sie alle wurden von Hille als Verkörperung der Kunst, der Schönheit, der Bewußtheit und

eines individuellen Auslebens gesehen. Sie entsprechen seiner Vorstellung vom Menschen: „Des Menschen Natur ist Kunst und Bewußtsein. Der Mensch ist eine Pflanze, er kann sich nicht allzu weit von seinem Klima entfernen. Er spürt es." Der Dichter ist für Hille derjenige, der diese Entfernung von der eigentlichen Bestimmung des Menschen als einer der ersten spürt und seine Stimme warnend erheben soll. Dafür stehen ihm seine Intuitionen, nicht wissenschaftliche Analysen zur Verfügung. Intuitionen bedeuten jedoch auch Verlust der Kommunikation, da der Dichter auf gestaltete Intuitionen nicht mit einer Resonanz rechnet.
Hilles Lyrik ist nicht nach metrischen Ordnungen und poetischen Plänen her zu bewerten. Häufig findet sich zwar der Reim, selten fügen sich jedoch die Silben metrischen Gesetzen. Fast alles ist geprägt vom Charakter der Intuition. Das wird sogar darin deutlich, daß sich die lyrischen Formen, die Hille stets als sekundär gegenüber dem Inhalt betrachtete, oft ihrem Gegenstand fast von selbst angleichen. So stellen sich in der Prosa des Romans „Sappho" fast von selbst antike Strophenmaße ein: „Silbrig flüstern Oliven. Offenbar werden ihre reinen Geheimnisse. Gekrümmt und gespalten die Stämme vor zähem Duft und lodernder Wildheit der Säfte." Aber auch Versmöglichkeiten, die sich ausschließen, werden miteinander verbunden, wenn damit größere Einprägsamkeit erreicht wird: So bricht z. B. mehrfach die Alliteration in das Reimgedicht ein und löst den Reim auf. Dieses Zerbrechen fester Formen, die Formlosigkeit als Prinzip und die Gleichgültigkeit gegenüber Stilregeln und ästhetischen Gesetzmäßigkeiten weisen Hille als späten Nachfahren auch des Sturm und Drang aus, dem er sich, wie zahlreiche Aphorismen dokumentieren, zeit seines Lebens polemisch verbunden sah. „Genie ohne Form" wurde er in einem von Bierbaum verfaßten Steckbrief genannt. Der Verachtung und Ablehnung einer den Menschen tyrannisierenden Ordnung, sich als Ablehnung des bürgerlichen Staatswesens ausdrückend, setzte der Dichter das individuelle Erlebnis als innerlichen Vorgang gegenüber, ordnungslos und damit gestaltenreich. Bei aller ästhetischen Unbeholfenheit bringt eines der zahlreichen Gedichte über Hille, Wilhelm Arents „Der König der Aphorisme", diese Zusammenhänge zum Ausdruck:

„Um uns tobt ein neuer Sturm und Drang
Und geht zu neuem Gral den Gang.
Auch heut lebt an Spreas grünen Borden
Ein Mann wie einst der Magus im Norden.
Er schmiedet goldne Aphorismen,
Ein wackrer Todfeind aller Ismen,
Ein goldner Magier, nennt sich Hille,
Ein weiser Mann der siebten Stille."

In Hilles Lyrik ist jedes Wort als sachlicher Ausdruck für einen momentanen Zustand zu nehmen. Umschreibungen und Vergleiche sind selten, dafür stehen Wortblöcke stellvertretend für bildhafte Vergleiche. Selbst dort, wo sich noch Vergleiche und Metaphern finden, schwinden diese im poetischen Ablauf und realisieren sich als Tatsache. Das Gedicht „Abbild" setzt die Seele zartem Silber gleich, hier noch durch „wie" verbunden. Bereits der zweite Vergleich verzichtet auf die Vergleichspartikel „wie": „Zwei flinke Fittiche weißer Möwen / Deine beiden Füße." Schließlich verselbständigt sich diese Bilderwelt, erhält eigenes Leben und damit eine eigene Wirklichkeit, die Wunder ermöglicht:

„Und dir im lieben Blute auf
Steigt ein blauer Hauch
Und sind die Dinge darin
Alle ein Wunder."

Der Titel des Gedichtes – „Abbild" – weist auf die programmatische Bedeutung hin; Hille will das künstlerische Abbild der Wirklichkeit als neue Realität verstanden wissen, die sich kaum mit ihrer Vorlage vergleichen läßt. Aus Metaphern sind Evokationen geworden.
Scheinbar Sprunghaftes fügt sich antithetisch; die Dialektik der Natur und Gesellschaft, von Hille jederzeit anerkannt, führt zu polar sich gegenüberstehenden Wortgebilden, die neue Zusammenhänge provozieren und Eingang in die poetisch geschaffenen Welten ermöglichen. Besonders auffallend ist diese Erscheinung in dem Gedicht „Tastende Tage": „Ziegelglut" und „Erdenschnee" stehen sich gegenüber, „Apostelhäupter" und „Kartenspieler". Bis in die Partizipialkonstruktionen hinein führt Hille dieses Prinzip durch:

„Ein streckendes Zittern, ein schwellendes Glühen." Im Bilde des Überganges vom Winter zum Frühling gestaltet Hille die sich wiederholende Entwicklung der Natur, verdeutlicht wird diese ständige Wiederholung durch die Dekkungsgleichheit der ersten und letzten Strophe. Dieser unaufhaltsam sich vollziehenden Veränderung ordnet sich auch der Mensch ein, der nur scheinbar göttlichem Wollen unterworfen ist: Die Apostelhäupter sind in Wirklichkeit „der Kartenspieler trübe Gemeinde". Der Säkularisierung – fast ist es eine Verunglimpfung – der Apostel setzt Hille wiederum die Ausnahmegestalt des Dichters gegenüber: Nicht nur die Welt entwickelt sich, sondern auch der Dichter; er ist nicht abhängig von ihr, sondern gleichbedeutend:

> „Einsamkeit der Einsamkeiten,
> Welt und ich: wir beide schreiten."

Hilles Dichtung will poetische Sinnlichkeit sein; sie konstituiert sich selbst als Natur und verzichtet dabei auf überprüfbare logische Zusammenhänge. Logik gehört für Hilles lyrisches Subjekt zu den Bestandteilen der negierten offiziösen Welt. Hille verzichtete auf eine Distanzierung seiner lyrischen Subjekte von sich selbst; es war ihm deshalb nirgends möglich, sein Ich zu objektivieren. Der Dichter wurde für ihn zu einem Helfer der Menschheit, nicht durch Aktion, sondern durch seine Anwesenheit. Parodistisch überhöht, aber durchaus sehr ernst gemeint, formulierte Hille: „Ich bin, also ist Schönheit." Diese Schönheit ist durch den Dichter vorhanden, solange er seine Dichtung für die Menschheit schafft. Fast leitmotivartig kehrt diese Formel wieder: Sie steht am Ende des Romans „Die Hassenburg", als Motto vor „Sappho auf der Hochzeit" und als Aphorismus in „Ecce poeta". Der sonst so großzügig mit seinen Ideen und Werken verfahrende Dichter kehrte immer wieder zu diesem Leitsatz zurück.
Die Freunde wissen zu berichten, daß Hille tagelang nach einem Wort suchte, das eine bestimmte Erscheinung nicht nur poetisch abbildete, sondern auch deren emotionale Wirkung in sich trug. Das waren für Hille künstlerische Gesetzmäßigkeiten, nicht Metrik und Reim, Versfüllungen und Strophenbau. Sprache war ihm als Teil der Natur den

Naturgesetzen unterworfen und damit in der Lage, Natur zu reproduzieren. Ja, Dichtung wurde ihm nicht nur Abbild der Wirklichkeit, sondern selbst reflektierbare Wirklichkeit, die sich des Menschen als Entäußerung der Reflektionen bedient. Das besondere Verhältnis zum Wort wird auch darin deutlich, daß Hille einzelne Ausdrücke auf ihren ursprünglichen Gehalt zurückführte oder, wie er glaubte, deren Bedeutung von einem konservativen Überzug befreien mußte. Kinder sind ihm z. B. „köstlich blöd und dumm" („Maienfrühe"); er will damit ihre Unerfahrenheit beschreiben, die ihnen einen natürlichen Zugang zu seiner fiktiv-harmonischen Welt erlaubt, und bezieht sich deshalb auf die ursprüngliche Bedeutung des „blöd" als „scheu, schüchtern". In einem Huldigungsgedicht auf Heinrich Heine wird davon gesprochen, daß das Lied dieses hochverehrten Dichters den Spießer „roh hoch gezwungen" habe, wobei „roh" anerkennend gemeint ist und das im Lateinischen angelegte „hart" (crudus) assoziieren soll. Das bei Hille häufig auftretende Wort „lallen" soll nicht Sprachunfähigkeit ausdrücken, sondern lautmalerisch den Beginn der Sprachfähigkeit beschreiben. So wird es am Beginn des Gedichtes „Schaumgeboren" verwendet, wobei die sprachlichen Bestandteile, mit denen das Gedicht einsetzt, diesem Lallen entsprechen und sich erst später zu vollständigen syntaktischen Einheiten erweitern. So erhält Hilles Lyrik eine Sprachkraft, die auf den kommenden Expressionismus vorausweist wie auch die Spracherneuerungsversuche Arno Holz' in Hilles Werk angelegt sind, so z. B. tauchen die von Holz theoretisch ausführlich begründeten Wortmonstren in Hilles Gedicht „Der Tag und die Sonne" auf: „Tagvergießerin, / Blumensprießerin, / Traubensüßerin, / Erdengrüßerin, / Glutansauserin, / Lichterbrauserin, / Raumaufspalterin, / Kraftzaumhalterin."
Die Sprache war für Hille ein Mittel, um seinen fiktiven poetischen Welten in ihrer Begrenztheit eine möglichst große Harmonie und Richtigkeit zu geben. Hier liegt auch der Grund, weshalb sich in Hilles Dichtungen relativ häufig Begriffe aus der christlichen Sphäre finden. Hille glaubte an eine elementare Schöpferkraft, für die er einen Gott einsetzte, der weder Gläubigkeit im religiösen Sinne noch kirchliche Institution bedeutete, aber dem Dichter das Arsenal der christlichen Begriffswelt öffnete. Der von Hille beschwo-

rene Gott war Sinnbild einer perfektionierten Schönheit, der sich der Dichter nähern wollte. Für Hille hatte nur der Dichter Zugang zu dieser Vollendung, die er aber mit dem Leben bezahlen mußte. Aus dieser Schönheitsgläubigkeit, die bürgerliche Literaturwissenschaftler gern dem Katholizismus zuordnen wollten, entstanden Hilles Ansprüche, selbst gottähnlich sein zu wollen. Hier liegen die Ursachen für die Beinamen „Magus des Nordens“ (Arent) und „St. Peter“ (Lasker-Schüler). Poetisch finden sich Parallelen zwischen Christus und Hille, so heißt es z. B. in dem Gedicht „Mein Kreuz“:

„An meinen Werken bin ich aufgenagelt,
Ich bin so tot, wie sie lebendig sind.
Mein Blut ist all in sie hineingeflossen.
Zerwühltes Himmelslager.“

Aber Hille wich nicht aus ins Transzendente, sondern verstand diese Gleichsetzung ganz in dem persönlich-privaten Sinne, wie er sein Leben führte. Um nicht die Interpretationsmöglichkeit aufkommen zu lassen, daß er sich als Gott fühle, relativierte er in dem genannten Gedicht den Gedanken, daß sein Kreuz, die Dichtung, dem Kreuz Christi, Zeichen der Erlösung der Menschen, gleichzusetzen sei, indem Hille in dieses Bekenntnisgedicht eine höchst profane Kaffeehausspießigkeit einbrechen läßt:

„Und wie ich niederschaue totverloren,
Da wiehert auf das Kaffeehaus und reicht
Aus spitzem Keil dem tintengiftumgrünten –
Aasfliegen strotzen so im Schillerpanzer –
Mir einen Wisch mit Lauge.
Von Doktor So und so.“

Bekenntnisdichtungen dieser Art finden sich mehrfach; immer sieht der Dichter die Aufgabe, zum Weltbeglücker zu werden, wobei er sich, bei erreichtem Ziel, in Schönheit auflöst. Auf der Suche nach der „schönen Welt“ wurde für Hille die Dichtung immer mehr zur Heimat. Nicht seine Anmut und sein Vagantendasein interessierten ihn, sondern sein Schloß im Roman „Die Hassenburg“; nicht die oft erlebte Einsamkeit bedrückte ihn, sondern er lebte in der poetisch vorhandenen Zweisamkeit seiner Gedichte „Brautseele“ und

„Brautmorgen". Nicht die von ihm erlebte und schmerzlich empfundene Kinderlosigkeit wurde sein Thema, sondern die Liebe zum Kind, wie sie kein Vater hätte trefflicher ausdrücken können, und Erziehungsfragen wurden Gegenstand seiner dramatischen Werke. Die poetischen Welten traten an die Stelle der Wirklichkeit; in ihnen ist ein freies und glückliches Leben möglich. Selten sind in Dichtungen um die Jahrhundertwende Poesie und gesellschaftlich-politische Wirklichkeit so weit auseinandergefallen wie hier. Hille verzichtete darauf, ein gesellschaftliches Wesen zu sein, um sich die poetische Schönheit und die natürliche Empfindungskraft erhalten zu können. Seelenverwandt sah sich Hille den Kindern; „Kind" ist eines der Leitworte durch das Gesamtwerk. Das Kind bedeutete dem Dichter noch Naivität und natürliches Lebensgefühl. Eine der wenigen Aktionen, die sich in Hilles Dichtung finden, wird von ungeborenen Kindern inszeniert, die sich weigern, Nachkommen von Bankdirektoren zu werden, weil sie dort mißhandelt werden. Hille läßt diese Ungeborenen eine Lebensführung propagieren, die auf finanzielle Sicherheit verzichtet, aber in ihrer Natürlichkeit eine Alternative zur „Fäulnis der heutigen Gesellschaft" („Einstimmiger Beschluß") bedeutet.

4

In seinem Roman „Die Sozialisten" (1886) schlugen sich Erfahrungen nieder, die Hille in London und Holland gemacht hatte, unter den Entrechteten, Ausgestoßenen und Deklassierten. Dieser Roman, der keine übersichtliche Handlung hat und aus einem aphoristischen Nebeneinander besteht, verdeutlicht Hilles besondere Stellung in den literarischen Auseinandersetzungen des ausgehenden 19. Jahrhunderts. Moralisch-ethisch fühlte sich Hille zu den sozialistisch orientierten Dichtern des Naturalismus, zu Karl Henckell und O. E. Hartleben, Bruno Wille und Wilhelm Bölsche, hingezogen. In seinem Roman zeichnete er in der Gestalt Bebers Bebel nach und bekennt sich zu dessen revolutionärer Alternative, gedeckt allerdings durch seine Erzählergestalt. Andererseits brachte es Hille nicht über sich, seine individualistischen Gewohnheiten und sein Leben an der Peripherie, als

Außenseiter der Gesellschaft einem Kollektiv einzuordnen. Das Schwanken des Dichters zwischen den ethischen Prinzipien einer sozialistischen Welt und einem ausgeprägten Individualismus führte nicht nur zu einer weltanschaulich verschwommenen Haltung, sondern auch zur Aufgabe eines nachvollziehbaren epischen Geschehens in diesem Roman. Für die handelnden Gestalten liegt alles sozial oder politisch Widersprüchliche außerhalb der von ihnen zu treffenden Entscheidungen. Dabei ist Hilles Unentschiedenheit, im Roman deutlicher als in der Lyrik, weil objektivierter, keineswegs die Folge einer politischen Aversion gegen den Sozialismus. Darin ist er wiederum den deutschen Naturalisten sehr ähnlich. Die Unentschiedenheit entsteht aus Hilles Meinung, daß „unsere Eigenschaften in jedem Sinne bestens entwickelt" werden müßten, ehe der Sozialismus kommen kann; „unsere Sinne; unsere harmonisch ineinandergreifende Ausbildung muß den Zustand schaffen". – Die ästhetische Erziehung der Klassik klingt in diesen Ansichten nach, ohne daß Hille sich allerdings darüber Gedanken machte, denn die Klassik bedeutete ihm eine Erscheinung, die überwunden werden muß, ehe Neues geschaffen werden kann. Sein Notat „Schiller: Feuersbrust der Kultur" stimmt in die naturalistische Ablehnung des Schillerschen Idealismus ein. Die Annäherung Hilles an die klassischen bürgerlichen Erziehungsideale erfolgte, weil Hille die Befreiung des Individuums aus den Fesseln der Konvention nicht in einen revolutionären Vorgang integrierte, sondern als Bildungsprozeß betrachtete. So bedeutete ihm z. B. auch, im Gegensatz zu Holz, Hauptmann, Henckell u. a., die Französische Revolution von 1789 keineswegs ein epochales Ereignis, sondern lediglich eine „düngende Verfallsentbindung", die sich nun, fast hundert Jahre später, „eine Schicht tiefer und ohne Glanzerscheinungen des Geistes" zeige. Bei aller Relativierung, bei aller Einschränkung und persönlichen Distanzierung war Hille sich jedoch bewußt, daß der Sozialismus, den er durchaus als ökonomische Gesellschaftsformation sah, die historisch bevorstehende Epoche der Menschheitsentwicklung war. Zwar hatten die Marx-Studien in jungen Jahren nicht Klarheit über die Triebkräfte der historischen Entwicklung gebracht, aber die Anerkennung eines mechanischen Materialismus und die Konfrontation mit einer zunehmenden Perfektion

kapitalistischer Wirtschaftsführung ließen Hille erkennen, daß „die Zeit hinter ihnen (den Sozialisten; R. B.) steht".
Hilles „Sozialisten" bedeuteten für manche Schriftsteller den Anbruch einer neuen literarischen Epoche – so z. B. für Hermann Löns –, in der der Naturalismus der Milieuschilderung, der Elendsdarstellung und des soziologischen Details aufgegeben werde zugunsten einer Betrachtung der menschlichen Innerlichkeit. Festzustellen ist jedoch, daß in diesem Roman wie auch in dem Roman „Die Hassenburg" Hilles Zuneigung „den unteren Ständen" gehört, denen die Arbeit „keine Zeit zum Naturgenuß" lasse. Hilles Fluchtposition schimmert durch, sein Leben am Rand großstädtischen Treibens und politischer Ereignisse. Nicht nur der Roman „Die Sozialisten", sondern auch der Plan eines Dramas „Um die Weltherrschaft", handelnd an der Börse, beweist bei aller Sonderlichkeit des Dichters sein Interesse für das aktuelle Geschehen.
Hilles zweiter größerer Roman, erst aus dem Nachlaß veröffentlicht, ist deutlich beeinflußt von der englischen Literatur, ja, die Figurenkonstellation und die Erzählhaltung der „Hassenburg" sind fast identisch mit Emily Brontës „Sturmhöhe". Auffallend ist zuerst, daß Hilles Roman im Gegensatz zu allen anderen größeren epischen Werken des Dichters eine gerade, fast klassisch anmutende Handlungsführung aufweist, die sich auch in der „Sturmhöhe" findet. Übereinstimmend ist darüber hinaus nicht nur die Erzählform der Rückblende, sondern vor allen Dingen die merkwürdige Konstellation, daß ein Eindringling zigeunerhafter Herkunft Herr eines traditionsreichen Adelssitzes wird: In beiden Romanen verfügt dieser Zigeuner über Leidenschaft, Tatkraft, natürlichen Sinn für Ökonomie und bis zur Brutalität gehendes Machtbedürfnis; unter seiner Herrschaft lebt in beiden Fällen der Adelssitz wieder auf. Daraus glaubt er den Anspruch ableiten zu können, die legitime Erbin des Adelssitzes zu ehelichen. – Bei Hille und bei der Brontë wird dem verfallenden Adel die Rücksichtslosigkeit des ökonomisch versierten Außenseiters, seine Skrupellosigkeit und bis zum Verbrechen gehende Selbstbehauptung gegenübergestellt; sinnfällige Beispiele für den Einbruch kapitalistischer Verhaltensweisen in feudale Traditionen werden demonstriert. Hille hat diesen Vorgang gesehen, ohne indes-

sen darin die besondere Ausprägung des deutschen Imperialismus zu begreifen. Deshalb setzt er auch hier wieder dem verfallenden Adel und dem finanzgewaltigen, aber skrupellosen Bourgeois den Dichter entgegen, der nach eigenem Gesetz seine Welt, sein Schloß entstehen läßt.

Beide Romane unterstreichen die bereits dargelegten Ansichten Hilles und lassen die Grenzen des Dichters deutlich erkennen: Der Kunst gebührte in Hilles Weltbild primäre Bedeutung; alles andere wurde nur durch sie und in ihr begreifbar. Erst die Kunst ermögliche dem Menschen die Rückkehr zu einem natürlichen Leben, wenn auch dabei eine revolutionär-kämpferische Übergangszeit entstehe. Für die Verwirklichung der Vorherrschaft der Kunst nahm Hille selbst kämpferische Aktionen in Kauf; in seinem dramatischen Fragment „Petöfi Sandor, der Sängerheld" läßt Hille Petöfi, den er als verwandt empfand, sagen: „Das Schlachtfeld in der Runde, bald wird es seine Rosen tragen, ein Rosengarten der Freiheit, und selig, wer darin kann bleiben, eine Rose sein, die sich verblutet, aber wiedersticht mit ihren Dornen, wer mit frevler Hand antastet unser heiliges Vaterland."

Das Bewußtsein Hilles bestimmt gleichermaßen Inhalt und Form der Romane; in seinen Erzählern bzw. Helden verschränken sich individuelles Wollen als Fluchtpunkt am Rande des gesellschaftlichen Geschehens und gesellschaftliche Geschichte, hervortretend in Erscheinungen, denen auch die abnorme Lebensführung Hilles nicht aus dem Wege gehen konnte. Erzähler wie Helden begreifen sich nie als historische Subjekte und verhalten sich denn auch nicht reflektiv zu der sie umgebenden Wirklichkeit; sie sind, wie ihr Schöpfer, dem Augenblick verpflichtet und werden in Momentaufnahmen vorgestellt. Das führte in beiden Romanen zu einer an den Film gemahnenden Montagetechnik, die verschiedenartige epische Möglichkeiten miteinander verknüpft. Dabei nutzte Hille diese formale Vielschichtigkeit u. a., um nochmals seine Polemik gegen die Klassiker vorzutragen, so, wenn er am Ende der „Hassenburg" Goethes „Ich ging im Walde" vollständig zitiert, um sogleich die eigene Meinung dagegensetzen zu können: „Mein Schloß, die Hassenburg, es ist gerade kein Liebesschloß im Mädchensinn; es wartet nicht und geht nicht auf die Freite."

5

Anfang der neunziger Jahre wurden die rauschhaften Trinkgelage im „Schwarzen Ferkel“ in der Berliner Wilhelmstraße berühmt; auch Peter Hille fand sich dazu ein. „Genialisch“ war das Losungswort, das Eintritt verschaffte; Individualitäten waren erwünscht, wobei gleichgültig war, gegen wen sie auftraten, die Hauptsache war, daß sie irgend etwas bekämpften. Die fast überall hervorbrechende Erziehungsfeindlichkeit dieses Kreises ließ Hille bald wieder ausscheiden, denn gerade der Möglichkeit, durch Erziehung den Menschen zu ändern, hatte er in seinem Leben Aufmerksamkeit geschenkt und in seinem Drama „Des Platonikers Sohn“ gestaltet. Erneut folgte eine unruhige Wanderschaft, diesmal allerdings durch Deutschland, eine kurze Zeit der Seßhaftigkeit in Hamm und Verfolgung durch die Polizei, da Hille als Sozialdemokrat galt. 1894 fand diese Verfolgung, die vermutlich durch eine Namensverwechslung ausgelöst wurde, ihren Höhepunkt; Hille flüchtete von Hotel zu Hotel, bis er 1895 nach Berlin zurückkehrte. Nun bemühten sich die Berliner Naturalisten, inzwischen zu arrivierten Schriftstellern aufgestiegen, um ihn. Anekdoten berichten z. B., daß O. E. Hartleben ihn mit allem Notwendigen versorgte, um ihm Eingang zu verschaffen in das gesellschaftliche Leben Berlins. Aber wenige Tage nach diesem Erziehungsversuch traf Hartleben Hille auf der Friedrichstraße, noch mit den von Hartleben entliehenen Büchern unterm Arm und erneut verwildert: Er habe seine Wohnung nicht gefunden und sei ein klein wenig – drei Tage – spazierengegangen.
Hille wurde für Berlin zu einer legendären Gestalt; in Schriftstellerkreisen galt er als Prophet. In Wilhelm Arents „Deutschem Musen-Almanach für das Jahr 1897“ ist Hille der besonders betonte Name; zahlreiche Aphorismen wurden hier erstmals veröffentlicht. Zu dieser Zeit plante Hille ein Drama „Kollegen“, in dem die naturalistische Bewegung dargestellt werden sollte. Anlaß für diesen Plan waren wohl auch die zahllosen Differenzen, die sich, nachdem der Naturalismus seine Bedeutung verloren hatte, zwischen den Schriftstellern herausstellten, so die literarischen Fehden zwischen Gerhart Hauptmann und Frank Wedekind, zwischen Arno Holz und Johannes Schlaf.

Erst kurz vor seinem Lebensende fand Hille die Anerkennung der Öffentlichkeit. Lovis Corinth malte den Dichter – wofür Hille 37 Mark Modellgeld erhielt –, im August 1902 fanden die Waldspiele bei der „Neuen Gemeinschaft" in Schlachtensee statt, an denen das literarische Berlin regen Anteil nahm, wenn auch die Tagespresse abfällig über die dort vorgetragenen Werke Hilles urteilte. Bei dieser Aufführung wurde außer der biblischen Szene „Hirtenliebe", einer Dramatisierung des Hoheliedes, Szenen aus Hilles Drama „Walther von der Vogelweide" auch eines der bekanntesten Gedichte vorgetragen: „Brautseele". Dieses Gedicht vollzieht poetisch eine Hochzeitsnacht nach, beschreibt feinfühlig sinnliche Erfüllung, ohne sich indessen darauf zu beschränken und ins Sentimentale abzugleiten. Besonders deutlich wird die Zurückführung in die profane Wirklichkeit im dazugehörigen Gedicht „Brautmorgen", bei dem der Sinnenrausch übergeht in ein morgendliches Frühstück, „bei des blumenblau gemusterten Gartentisches / Morgenzartem Imbißbehagen". In diesen Gedichten, die wohl vorwiegend der späteren Lebenszeit zuzurechnen sind, werden Metrik und Rhythmik als Gestaltungsmöglichkeiten genutzt, ohne daß Hille zu konventionellen metrischen Formen findet. Der Rhythmus wird häufig durch den abzubildenden Gegenstand bzw. die Handlung bestimmt. Das Gedicht „Schaumgeboren" steigt in sich wie eine Welle an, um nach seinem Höhepunkt („Ich bin da, ich bin da!") jäh in sich zusammenzufallen. Und das Gedicht „Krank" wird rhythmisiert durch Ausbrüche, die in ihrer Bruchstückhaftigkeit mehr Fieberphantasien ähneln als wohlgeformten Poesien. Trotz des teilweise vorhandenen Reimes sind die Verse noch weniger einem festen Metrum verpflichtet als die Gedichte der achtziger Jahre. Die Satz- und Versgliederungen unterliegen inhaltlichen Vorgängen. Das Ich, das in dieser Lyrik auftritt, identifiziert sich mit dem lyrischen Geschehen. Es verzichtet auf sezierende Analyse. Es ist für dieses Ich fast vollkommen naiv-pantheistisch die Einheit mit der Natur erreicht; das Ich ist Teil dieser Natur. Hilles lyrisches Subjekt hat sich zu dieser Zeit völlig auf sich selbst eingestellt und verzichtet auf jede Verständigung mit der Umwelt. Selbst die Zusammenhänge, die zwischen dem Menschen und der Natur bestehen, unterliegen bei Hille nun nicht mehr den Gesetzen der

modernen Naturwissenschaft, sondern streben eine Verschmelzung an zwischen einem in der Natur aufgehenden lyrischen Ich und einer ins Ich eindringenden Objektwelt. Hille wird damit zu einem der letzten bürgerlichen Dichter, der poetische Stimmungen vermittelt. – Geschlossene lyrische Stimmungsbilder, in denen auf Dynamik weitgehend verzichtet wird, sind die Gedichte der letzten Lebenszeit. Zwar wird oftmals eine Bewegung reproduziert, sie ist aber eine Bewegung in der Ruhe, ein Pendeln innerhalb eines noch Harmonie bedeutenden Spielraumes („Seegesicht", „Regentropfen"). Ein besonderes Kennzeichen wird die Natursymbolik, die immer Gegenständliches assoziieren will. Sie geht aus von der absoluten Übereinstimmung von Mensch und Natur, der letzten Übereinstimmung, die es für Hille gibt, und vernachlässigt Kontakte des Menschen in sozial-gesellschaftlichen Bereichen.
In dieser Übereinstimmung geht das lyrische Subjekt auf, dort kennt es die Gesetze und schafft sich, wo Vorhandenes nicht ausreicht, neue Gesetze, die besonders geschichtliche Prozesse verkürzen sollen:

„Reime und Maße,
Tabulatur der Stände
Gezählt am peinlich
Gekrümmten Finger –
Das ist vorüber.
Blöde zwinkernd
Putzt die stechenden Brillengläser
Heisere Gescheitheit.

Melodische Seele der Welt,
Frühling, Schalmei,
Spiele, spiele uns alle hin
In alles Schönheit tanzendes Leben.
In das muntere Gesetz
Alle Sterne strahlenden
Liebenden Reigens."

Die Natur wird vermenschlicht, wird durch die Übereinstimmung mit dem Menschen zur „Weltseele". Hilles lyrisches Subjekt ist damit naturhafte Beziehungen als Naturwesen eingegangen, die ihm in Form sozialer Beziehungen als gesellschaftliches Wesen nicht mehr möglich waren. René Schickele beschrieb diese Dichtungen: „... plötzlich explosiv erfolgten Bilder – Bilder! – und verzuckten." Die Sprunghaftigkeit der Bildfolgen wird größer, es sind kaum logische Entwicklungen nachvollziehbar. Die poetisch übersichtlichen Abfolgen der frühen Gedichte, z. B. „Prometheus", werden aufgegeben. Die Verkürzungen sind teilweise Ausdruck einer auf die Pointe zielenden verknappten Dialektik, verständlich allein durch die Gegenständlichkeit der Bilder. Selbst Abstrakta erhalten eine durch das Attribut erreichte, nachvollziehbare Körperlichkeit: „weltanfassende, fröhliche Dummheit", „heisere Gescheitheit" („Vorfrühling"). Auch die umgekehrte Möglichkeit wird genutzt, indem durch das Attribut gedankliche Tiefe in vorhandene Körperlichkeit getragen wird: „die jungen, die seelelebendigen, liebenden Leiber" („Brautmorgen").

Eine derartige Dichtung bedeutete um die Jahrhundertwende eine Ausnahme. Sie wurde als solche populär: Ende 1902 wurde Peter Hilles Kabarett unter dem Motto „Der blauen Blume fromm geweiht, nicht Plebejer Lustbarkeit" eröffnet. Montags, gegen 21 Uhr, traf man sich bei Dalbelli im „Restaurant del Vesuvio". Schnell wurde für dieses Kabarett die Bezeichnung „Boheme" in Anspruch genommen, von den Dichtern selbst nie zurückgewiesen. Boheme bedeutete zuerst die Organisation eines Publikums, das aus den Bohemiens, den Künstlern selbst, bestand. So waren auch in Hilles Kabarett Dichter und Künstler das Publikum, unter ihnen Erich Mühsam, Ludwig Rubiner, Else Lasker-Schüler u. a. Aber es war in den meisten Fällen auch der Versuch, aus dem bourgeoisen Kulturbetrieb auszubrechen; statt des Hoftheaters wurde die Kneipe Zentrum von Kunst und Literatur. Dem Reglement des kapitalistischen Kunstbetriebes entfloh man unter Verzicht auf das Geld dieses Kunstbetriebes; Hille war dabei der rigoroseste Vertreter. Der „wunderliche Vagant" (Karl Henckell) hatte seine schwerste und seine schönste Zeit im „Cabaret Peter Hille". Nuschelnd und vor sich hin dämmernd, nur für sich selbst gegenwärtig, wie die Zeitgenossen berichteten, gab er seine besten Werke kund, scharfer Kontrast zu der lumpenhaften Gestalt des Dichters. Die Sensationslüsternheit, die sehr bald ein größeres Publikum zu Hille trieb, stand in krassem Gegensatz zu Hilles kindlicher Naivität, die für ihn immer mehr Lebensstil bedeutete.

Daran konnte auch die „Neue Gemeinschaft" in Schlachtensee nichts ändern. Sie gab dem Dichter für die letzten Jahre seines Lebens ein Einsiedlerdasein im Kollektiv. Neue Freundschaften entstanden nur spärlich, am bedeutsamsten wohl die zu Erich Mühsam, der auch gemeinsam mit Ludwig Rubiner bei den Waldspielen Regie geführt hatte. Namen einer neuen Schriftstellergeneration und der Expressionismus kündigen sich an. – Für Hille war das alles uninteressant geworden. Befreit von zahlreichen Sorgen, denn die „Neue Gemeinschaft" der Harts sorgte für ihn, schuf er seine letzten bedeutenden Werke, vor allen Dingen seine Aphorismensammlungen. Hier verwirklichte er nochmals sein Lebens- und Dichtungsprinzip: Von Augenblick zu Augenblick springend wurde die Dichtung als Katalysator für Aufzubewahrendes genutzt; mit Entschiedenheit gab sich Hille an eine freie, dem Menschen freundliche Natur hin und glaubte an den rückhaltlos natürlich empfindenden Menschen. Die Geschichte der „Neuen Gemeinschaft" in Schlachtensee wurde zur Geschichte der letzten Lebensjahre Peter Hilles.

Mit seinen Aphorismen glänzte Hille im eigenen Kabarett; auch sie kennzeichnet der Drang zum Lebendigen, Vitalen. Bilder und Vergleiche stammen fast ausschließlich aus der Natur, sie assoziieren fast immer sinnlichen Reiz bzw. wollen neue Sinnlichkeit provozieren. In einem Aphorismus heißt es: „Sinne. Wir müssen neue bilden, nur sie erhalten das Leben federkräftig." Die Wirkungen der Farbe, des Duftes, des Klanges werden nicht mehr in Metaphern verwendet, sondern sie wollen wörtlich verstanden werden. So heißt es in der „Enzyklopädie der Kleinigkeiten" – schon im Titel findet sich eine Umkehrung –: „Violett und Blau sind vielleicht die Projektionen der Erde auf Farben." Farben werden Dinge, sind nicht mehr Spiegelungen der Dinge. Es tritt eine Verkürzung zwischen den Bezeichnungen und den Dingen ein; hier wird Hille Wegbereiter moderner Lyrik, die sich ihrer Sprache neu bewußt zu werden versucht. In diesem Sinne fühlte sich Hille auch als Dichter, denn „der Dichter ist das Erzeugnis und der Gegner seiner Zeit im Sinn der Zukunft" (Ecce poeta!). – Hille geht so weit, daß ihm auch

Anorganisches zu Leben wird: Organisches ist ihm freies Leben. Auch deshalb werden ihm Farben zu Abbildern der Erde. – Der Aphoristiker liebte auch die versteckte literarische Polemik, die ihn bereits zu den „Dichternoten" geführt hatte. Der Hochachtung für Gerhart Hauptmann und vor allen Dingen für die Lebensführung Leo Tolstois stand die Ablehnung der Formexperimente Arno Holz' gegenüber. Als Holz mit „Papa Hamlet" ein Musterbeispiel für seine theoretischen Überlegungen veröffentlicht hatte, schrieb Hille als Entgegnung seinen „Vater Romeo". Holzens Erzählung widmet sich einem gescheiterten Künstler, für den Hamlets Unentschlossenheit zur Rechtfertigung der eigenen Lebensunfähigkeit wird. Hilles „Vater Romeo" lehnt die These Hamlets ab; für ihn wird die Kunst zu einem Spiel, das im Leben nicht fortgesetzt werden kann. Vor allen Dingen forderte Holz' Einstellung gegenüber dem Kinde Hilles Kritik heraus: Die wesentlichste Aufgabe, die Vater Romeo zu erfüllen hat, ist die Erziehung des Kindes: „Romeos Leben ist abgeschlossen. Es lebt nur noch in ihr, in ihrem Töchterlein." Die Kunst ernst zu nehmen bedeutet für Hille auch, die Erziehungsaufgaben des Lebens zu erfüllen. Hilles Vater Romeo folgt nicht dem Verfall des Holzschen Papa Hamlet. – In dieser Erzählung wird für die Innerlichkeit des Menschen das Bild „Thau der Seele" gefunden. Kurz vor seinem Tode, auf einer Rügenreise 1903, faßte Hille sein Leben in „Tauseele. Henker und Rebellen. Schul- und Bekenntnisschrift" zusammen; nochmals benannte Hille die Kräfte, die den Menschen seiner Menschlichkeit beraubten. Die Schule war ihm der erste Schrecken, „für einige Jahre der Staat, die Presse. Am längsten das Elend." Schule, Staat und Elend werden von Hille in eine Reihe gestellt, aphoristisch verknappt und dadurch zusammengehörig erscheinend.

Den Kindern ist die letzte Arbeit des Dichters gewidmet; 1904 entsteht das Märchen „Dissa und Wissa". In leichtverständlicher Weise trägt Hille für die Kinder nochmals seine Philosophie vor: Wie ein Vermächtnis wirkt dieses Märchen, dessen Handlung an die herkömmlichen Märchenmodelle anschließt. Zwei junge Burschen, Söhne von Hexen, entzaubern zwei verwunschene Prinzessinnen und erhalten sie zur Frau. Im Detail jedoch werden die Märchenelemente durch höchst reale Vorgänge ersetzt. So werden die beiden Hexen als

Menschen geschildert, die durch störendes und menschenfeindliches Verhalten, durch Haß und Neid sich aus der Gemeinschaft ausschieden. Und als schließlich die Söhne dieser Hexen Verzauberung und Bösartigkeit aufheben wollen, können sie es nur in naturverbundener Tätigkeit, sie „verdingten sich als Hirten, dann, als sie größer wurden, banden sie Garben". Kind und Natürlichkeit, auch im Märchen werden diese beiden Hauptthemen von Hille gestaltet. Ihnen gegenüber steht eine fremde drohende Macht; „ein grauer Riese mit einem großen Schwert", dessen Gefährlichkeit beseitigt wird, indem man keine Furcht zeigt und seinen eigenen Weg entschlossen geht. Das Bild des „grauen Riesen" faßt alles das zusammen, was Hille als unmenschlich empfunden hatte: Schule, Staat und gesellschaftliche Verhältnisse. Nie hatte er diese Mächte in ihrer Klassenstruktur analysiert, aber immer hatte er sich von ihnen distanziert, um seine Menschlichkeit zu erhalten. „Dissa und Wissa" will diese Erkenntnisse an die Kinder weitergeben.
Nochmals wollten die Freunde dem schwerkranken Dichter helfen. Im April 1904 wurde ein Boheme-Ball zugunsten Hilles organisiert. Aber die Gesundheit des Dichters war bereits so weit zerrüttet, daß jede Hilfe zu spät kam. Bis zuletzt registrierte Hille aufmerksam das literarische Geschehen: In seinen Notizbüchern lassen sich „Neue Gemeinschaft", Stefan George, Theosophische Gesellschaft u. a. entziffern; aber er reagierte nicht öffentlich darauf, wie ihm auch die monistischen Glaubensideale der Harts – Grundlage der „Neuen Gemeinschaft" – nichts bedeutet hatten. Lediglich zu konkreten sozialen Fragestellungen finden sich in der letzten Lebenszeit noch Antworten, so unterstützte Hille z. B. die zu dieser Zeit akute Forderung nach Urlaub für die Arbeiter. Er begründete seine Fürsprache damit, daß der Arbeiter im Urlaub „einmal durchaus Mensch werde". Mit Energie verteidigte Hille auch die Buren während und nach dem Burenkrieg gegenüber den englischen Annektionsansprüchen, und nach dem Flottengesetz von 1900 warnte Hille vor der Verschärfung der politischen Widersprüche: Die Flottenverstärkung war seiner Meinung nach der Schritt zum Krieg. Alle diese Reaktionen nach der Jahrhundertwende, die konkrete politische Vorgänge zum Anlaß hatten, entstanden aus dem Gefühl, daß durch die zunehmende

Militarisierung Deutschlands und anderer kapitalistischer Großmächte die noch bewahrte Natürlichkeit wenig zivilisierter Völker, besonders Afrikas, einer unmenschlichen Lebenshaltung voller Raffinement und Betrug Platz machen muß. Hilles soziales Engagement für die Buren und die Afrikaner entsprang seiner eigenen Lebenstheorie, die der Zivilisation abgesagt hatte, um ein natürlich-naives Leben zu ermöglichen.
„Die Beerdigung verlief recht ernst und würdig und unter großer Beteiligung", schrieb Hilles Bruder Philipp; viel näher war der Tod den Dichterkollegen gegangen, die sich einig darin waren, einen großen Künstler verloren zu haben; „das große Ethos war in ihm und zugleich die hellenische Trunkenheit", so verabschiedete sich Julius Hart von dem Freunde.

6

Peter Hilles Bedeutung für die Entwicklung der deutschen Literatur läßt sich nicht in wenige Worte fassen, da das Werk des Dichters kaum unmittelbar wirkte, mittelbar aber einen großen Einfluß auf die Herausbildung poetischer Positionen hatte. Das wurde bereits in der journalistischen Tätigkeit an der Seite der Harts dargestellt. Hille war weder, wie hin und wieder behauptet, ein utopischer Sozialist noch ein Idylliker, der eine vitalistische Naturschwärmerei gegen bürgerliche Konventionen setzte. Er war auch nicht der Dichter einer „katholischen Geistesgemeinschaft" (Hans Roselieb). Hilles Dichtung war der Versuch, humanistisches Denken überall dort zu realisieren, wo die deformierte Wirklichkeit ihren Einfluß noch nicht unbeschränkt geltend gemacht hatte: bei den Kindern, bei den Außenseitern der Gesellschaft, an der Peripherie des gesellschaftlichen Geschehens, nicht zuletzt aber auch bei den sozial Benachteiligten, bei der Arbeiterklasse. Dort knüpften die Nachfolger an. – Bei den „Kommenden", einer um die Jahrhundertwende von Rudolf Steiner geleiteten losen Vereinigung junger Dichter und Künstler, bestimmte Hille die poetische Grundrichtung in diesem Sinne; seine Lyrik wurde als Offenbarung verstanden, als Kunde von einer zwar weit entfernten, aber noch existenten Welt der Natürlichkeit. –

Wilhelm Arent widmete Hille zahlreiche Gedichte und prägte für ihn den Titel „König der Aphorisme"; Karl Henckell sandte dem Toten Verse der Trauer nach:

„Ja, wir sahen dich manchesmal
Waldesdämmer im Abendstrahl
Mit lärmscheuem Schritt durchschweifen
Und nach tanzenden Sonnen greifen,
Die du mit rascher Zauberhand
In dein witterndes Wort gebannt."

Else Lasker-Schüler sah in Hille ihren Heiligen und nannte ihn in ihrem „Peter-Hille-Buch" St. Peter. Dieses Buch gibt Aufschluß über einige Züge Hilles, die sonst kaum gewürdigt wurden, z. B. sieht die treue Begleiterin Hilles ihn in den letzten Lebensjahren u. a. als „Petrus unter den Arbeitern", und „seine Worte wirbelten über das freiheitshungrige Volk, wie Frühlingslaub vor dem Gewitter". Durch Else Lasker-Schüler war Hille auch mit Herwarth Walden, dem späteren Herausgeber der avantgardistischen Zeitschrift „Der Sturm" (1910–1932), und dem empfindsamen Dichter Peter Baum, bei dem Hille zeitweise wohnte, bekannt geworden. Beide Gestalten finden sich in Else Lasker-Schülers „Peter-Hille-Buch" als Goldwarth und Antinous wieder. Die Lasker-Schüler verhalf mit ihrem Buch Hille zu legendenhaftem Weiterleben, machte jedoch aus ihm, was Hille nie sein wollte, den Propheten des Vagantenlebens. Aber auch von hier aus finden sich lockere Beziehungen zum Expressionismus, wie sie sich schon von der „Neuen Gemeinschaft" aus herstellen ließen. Überhaupt scheint Hilles Einfluß auf verschiedene literarische Strömungen – die Neuromantik und den Expressionismus – bedeutsamer zu sein, als bisher angenommen wurde. Mindestens sprechen Aussagen Stefan Zweigs dafür, der in seinen Erinnerungen Hille als einen „wirklichen Dichter" bezeichnete. Auch Wilhelm Herzog schätzte Hille als Dichter sehr. Beide, Stefan Zweig und Wilhelm Herzog, bewahrten Gedichte und Briefe Hilles, die als verloren gelten, seit der deutsche Faschismus diese Dichter ins Exil trieb.

In mehreren literarischen Werken stand Peter Hille Modell für Gestalten: Ernst von Wolzogen porträtierte ihn als Dippel in der Tragikomödie „Das Lumpengesindel", Lulu

von Strauß und Torney nahm ihn als Maler Peter Holle in ihren Roman „Aus Bauernstamm" auf. Gestalten bei O. J. Bierbaum („Stilpe"), Franz Servaes („Gärungen"), Paul Ernst („Der schmale Weg zum Glück") und Wilhelm Schäfer („Die Mißgeschickten") zeichnen Hille nach. Bei Gerhart Hauptmann ist es der „fast immer subsistenz- und obdachlose Dichter" Peter Hullenkamp, „hinter dessen steiler gewaltiger Stirn sich eine ferne Zukunft und eine ferne Vergangenheit in ein ewig gärendes Märchen zusammenbildeten" („Der Narr in Christo Emanuel Quint"). Mit dieser Schilderung übereinstimmend, wenn auch mit einer bösartig verzerrenden Optik gesehen, tritt Peter Hille in Karl Bleibtreus Roman „Größenwahn" als „gewisser Victor Hugo, oder Carlyle redivinus, Sagus des Nordens mit völlig verwildertem Urwaldbart und titanischem Haarwuchs" auf.
In den „Steckbriefen", die O. J. Bierbaum unter dem Pseudonym Möbius 1900 veröffentlichte, heißt es: „In der Tat: ein Kerl zum Schieflachen! Wirklich, meine Herrschaften, ein Heiliger lebt unter euch, ein Asket und Narr, ein Weiser und ein Vagabund, einer, der innerlich in allen Zungen redet, aber doch nur lallen kann." – In den Künstlerkreisen um 1900 wurde Peter Hille oft genannt und zitiert, und trotzdem gehörte er schon zu Lebzeiten – äußerliches Zeichen für die Unentschlossenheit Hilles – zu den Vergessenen. Nur jene Dichter, die Dichtung als Ausbruch unverbildeter Natürlichkeit betrachteten, fühlten sich Hille verbunden. Allein die kabarettistischen Texte lebten weiter und wurden bis in die Gegenwart gedruckt, obwohl gerade diese Texte am wenigsten Peter Hille entsprechen. Lediglich die „Lieder des betrunkenen Schuhus", verwandt mit Morgensterns „Galgenliedern", bewahren die Hillesche Naivität auch in der kabarettistischen Brechung.
Und doch wirkten Hilles Gedichte, wenn auch nicht sehr auffällig, bis in die Gegenwart nach. Zahlreiche Versuche, Auswahlausgaben herauszugeben, scheinen das zu bestätigen. – Sichtbare Zeugnisse für Hilles Wirkung finden sich im Freundeskreis Johannes Bobrowskis. Günter Bruno Fuchs, selbst um die Erneuerung eines Vagantendaseins aus Opposition bemüht, schrieb ein Gedicht „Peter Hille in Friedrichshagen" und widmete es Bobrowski. In diesem Gedicht wird deutlich, wie sich Fuchs Hillescher Methoden bedient: Kon-

krete Einzelheiten, Sachverhalte stehen übergangslos neben verkürzten Metaphern, die an Hilles verselbständigte Metaphernwelt erinnern:

„Der Tag
hat seine Hunde zurückgepfiffen. Bleib zu Haus,
wenn du weißt, wo dein Haus ist. Der grüne
Bettelwind
streicht um die Müggelberge herum. Baumblätter
mit alten Gesichtern
reisen über den Abend hin."

Der Freundeskreis sah in Hille ein Vorbild und vereidigte Johannes Bobrowski als „Präsidenten des Neuen Friedrichshagener Dichterkreises" auf Hilles Satz: „Nur innerhalb der Wahrheit kann ich vergnügt und ruhig sein." (Günter Bruno Fuchs, „Widmung an Johannes Bobrowski – den letzten Präsidenten des Neuen Friedrichshagener Dichterkreises"). Bobrowski selbst nahm Hilles Gedicht „Maienfrühe (bei Goslar)" in seine handgeschriebene Privatanthologie auf. – Die Verbindung zwischen Bobrowski und Hille ist jedoch komplizierter. Es ist einmal die Äußerlichkeit einer pedantisch ordentlichen Dichtung – Julius Hart bezeichnete Hilles Sucht, alles zu sammeln, als „peinlichen Ordnungssinn"; so wie Hille jede Bemerkung, jeden Hinweis als Dichtung aufhob, schuf Bobrowski mit ausgeprägter Akribie seine für den Hausgebrauch bestimmten Lyriksammlungen. Es ist zum anderen, und viel bedeutsamer, die beiden Dichtern gemeinsame Besinnung auf Johann Georg Hamann. Für Hille bestätigen die Harts und Wilhelm Arent diese Beziehung, ja, Arent vergleicht Hille unmittelbar mit Hamann, indem er wie dieser „Gott-Zelte" in unverbraucht-lebenskräftiger Natur errichtet habe. Das „Genialische" ist es, was beide zu Hamann führt, die Weltsicht aus mythischer, naturmythischer Perspektive. Und schließlich verbindet beide Dichter, Hille und Bobrowski, das Verhältnis zum Wort: Beide Dichter verhalfen zeit ihres Lebens dem poetischen Wort, dem einzelnen Wort zu neuem Leben. Natur und Mensch, Mensch und Geschichtlichkeit sollten im Wort wieder begreifbar werden.

Halle-Neustadt, Mai 1973 *Rüdiger Bernhardt*

Erwitzen, Peter Hilles Geburtsort

Junger Hille (rechts)

Hilles Wohnung in der „Neuen Gemeinschaft“

Hilles Wohnung in der „Neuen Gemeinschaft“

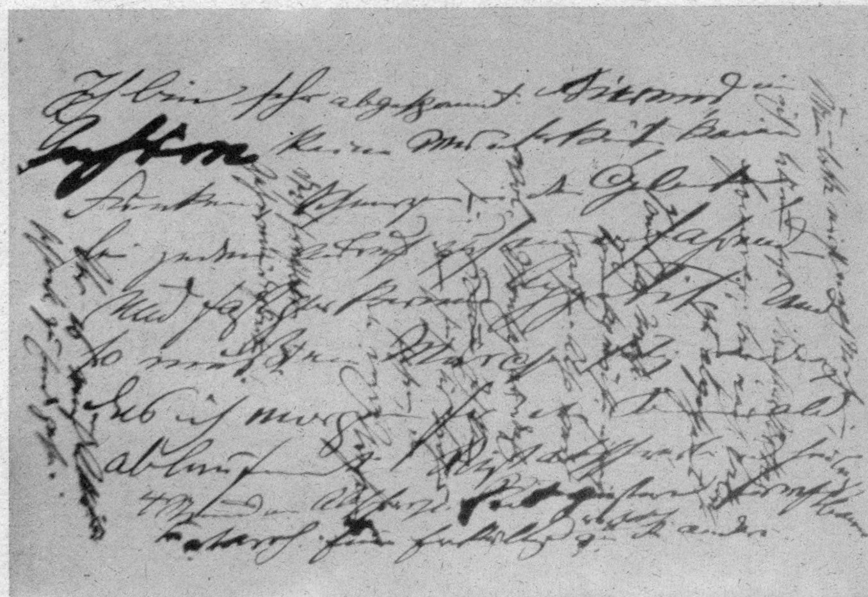

Letzte Postkarte an seinen Bruder

Nach einem Gemälde von Lovis Corinth

Peter Hille. Gestorben am 7. Mai 1904

Von Else Lasker-Schüler

(In: Die Sendung, Nr. 18, 1929)

Ich schrieb ein ganzes Buch über Peter Hille und noch so vielerlei und einmal einen Essay, der hieß: „Warum Peter Hille unsichtbar war?“ Ob es mir gelang, seine göttliche Eigenschaft den Lesern zu offenbaren? Fast jeder zumutet sich, nur zu glauben, was er mit dem Auge sieht, mit dem Ohre hört, und dem Gefühl des Herzens mißtraut er. Nur wenigen kündet ein starker gläubiger Nerv entrückte Stunden. Niemals zweifelte ich an der Prophetie Peter Hilles. Er wandelte über unserer Erde wie Nebel, durch den, wenn er sich lichtete, man die Gestirne am Tage leuchten sah. Er war ja selbst ein Gestirn, Meteor stieß er von sich! Zur heimatlichen Tragik paßt es noch immer, den Propheten im Vaterlande nicht gebührend zu würdigen. Wenigstens nicht zu seinen Lebzeiten. Selbst an die Wunder, die heilige Menschen verrichteten – gewöhnte man sich. Der Wunder größtes, das allein schon die Anwesenheit des auserwählten Menschen vollbrachte „Frieden“ – kam der Umgebung kaum zu Bewußtsein. Peter Hille war einer der auserlesenen Gäste dieser Welt; wohin sein Herz sich wandte, ordneten sich Unebenheiten. Sein Erscheinen schloß Versöhnung in sich. Ein weit gewaltigeres, umfassenderes Wunder, als das begrenzte Wunder. Darum weigerte sich, dünkt mich, auf der Hochzeit von Kana, Jesus, der ewige Nazarener, zeitliche Wunder zu verrichten. Zoll, den der Heilige, sich zu beweisen, entlehnen muß. – Ich liebte es, wenn die Menschen, selbst die Freunde, wie ich es tat, vor Peter Hille auf einer Marmorstufe verharrten. Der liebreiche Dichter Peter Baum und ich bekränzten ihn. Gerhart Hauptmann strahlte wie ein beschenkter Knabe, als Peter Hille ihn besuchte, Weihnachten trat in sein Zimmer. – Peter Hille sprach wenig, aber schon ein einziges Wort aus seinem Munde erzählte eine ganze Erzählung, war eine Weihsagung, ein Segen, eine Dichtung, eine Feuerrose, aber auch ein Wetter, ein Sommer, ein ganzer blauer Himmel. Mitmenschen pflegen bequem und gerne den größeren Mitmenschen verblüfft, einfach „ein Kind“ zu nennen! Verwechseln sich selbst mit Vorliebe mit dem Weiseren. Aber die Kinder, noch dumpf und verborgen in sich, ließen ihre kleinen Schaufeln und Eimerchen in den Sand auf den Spielplätzen fallen, wenn sie den großen Wolkenmann nahen sahen. Aber wenn er lächelte, leuchteten alle die kleinen lieben Gesichtchen und selbst das große Sonnengesicht oben am Himmel. Er stand schon vor Gott: Dieses Mal auf Erden, machte er seine letzte Inkarnation durch. Peter Hille glaubte an die öftere Einkörperung der Seele, die sich im Hause des Leibes vollenden soll. Er liebte seine Brüder, die Propheten. Innig sprach er mir auch oft von der Weisheit Buddhas; man hätte ihn selbst nach der Art seiner hohen Bewegens-Einigkeit für einen Inder halten können, er ruhte in sich wie Nirvana. „Was ist das?“ Und nicht: „Wer ist das?“ fragten die Menschen, die ihn sahen.

Martin-Möbius[1], Steckbriefe

Berlin/Leipzig 1900

Was die meisten Dichter zuwenig haben, hat er zuviel: Gehirn. Und ist dennoch gar nicht klug. Man möchte fast sagen, er ist ein Genie. Aber was heißt das: ein Genie ohne Form? Das gibt höchstens einen Propheten. Aber selbst dazu ist er zu verrückt. Sagen wir, er ist eine Wolke oder, etwas gröber gesprochen, ein Quatschkopf, ein geniales Rührei, eine – Seele. Die Deutschen kennen ihn nicht, und wenn sie ihn kennten, würden sie sich wieder einmal die Bäuche halten vor Lachen. In der Tat: ein Kerl zum Schieflachen! Wirklich, meine Herrschaften, ein Heiliger lebt unter euch, ein Asket und Narr, ein Weiser und ein Vagabund, einer, der innerlich in allen Zungen redet, aber doch nur lallen kann, ein Wahnsinniger, der unendliche Reichtümer hat und vor den Garküchen bettelt, ein gutes drolliges Kind, das plötzlich psalmodiert.

Der Steckbriefschreiber möchte von allen deutschen Dichtern nur ihn kennenlernen und kennt doch nur zwei glänzend hilflose Bücher von ihm, von denen das eine („Die Sozialisten") längst den Weg aller Makulatur gegangen ist. Vielleicht existiert er aber gar nicht. So etwas Unglaubliches ist in seinen Büchern, daß man glaubt, sie seien nicht von einem, der da lebt.

[1] Pseudonym für Otto Julius Bierbaum.

Karl Henckell,
Deutsche Dichter seit Heinrich Heine
Die Literatur, Berlin o. J.

Bist doch ein Seher und Germane
Uralter Art, ein Runenahne,
Brausenden Elementen vertraut
Wie der Sehnsuchtsseele der Menschenbraut.
Feinere Schwingung des Weltalls zu fühlen
Bist du begnadet, wirkender spülen
Wellen des Ozeans um deine Stirn,
Wahrer prägt sich die Welt in dein Hirn.
Ja, wir sahen dich manchmal
Waldesdämmer im Abendstrahl
Mit lärmscheuem Schritt durchschweifen
Und nach tanzenden Sonnen greifen,
Die du mit rascher Zauberhand
In dein witterndes Wort gebannt.
Ließest triefen auf weiße Fetzen
Purpurgoldenes Lichtergötzen,
Schreiber im Scharlachmantel du –
Und das Einhorn staunte dir zu.

Wilhelm Arent,
Der König der Aphorisme (Den Westfalen)

(In: Deutscher Musenalmanach für das Jahr 1897)

In der Zeit des jungen Lenz und Goethe,
Im März des Straßburger Sturm und Drang
Zur Stunde der feurigen Morgenröte,
Der jungen Kampf-Sturmliteratur,
Da blühte manch geistige Kraftnatur,
Auch ein gewaltiger Magus im Norden.
Der hatte Gott-Zelte aufgemacht
An des frischen Haffes herben Borden
Und dekretierte bei Tag und Nacht.
Es war ein Weiser der siebenten Stille,
Er sprach viel pythische Orakelworte –
Hamann hieß der Mann, magisch sein Wille.
Stand starr an der Dichtkunst Tempelpforte,
Um ihn die Sturm- und Drangkohorte
Mit wildem Toriho und Toribo:
Hie Elefant, hie Mondkalb, hie Floh . . .
Auch heut ist das nicht anders geworden,
Um uns tobt ein neuer Sturm und Drang
Und geht zu neuem Gral der Gang.
Auch heut lebt an Spreas grünen Borden
Ein Mann wie einst der Magus im Norden.
Er schmiedet goldne Aphorismen,
Ein wackrer Todfeind aller Ismen,
Ein goldner Magier, nennt sich Hille,
Ein weiser Mann der siebten Stille.
Das Christus-Antlitz rotbebartet,
Das bleiche Antlitz ätherklar:
Ist dieses Hirn, kleistisch geartet,
Gar sonderbar, gar wunderbar.
In ewger innrer Zwiespaltkraft
Sich diese Seele Leiden schafft –
Fehlt doch der Dämon Leidenschaft.

Die Haltung genial-salopp –
Die Welt geht ihren Hundsgalopp –:
Still schreitet in die große Stille
Ein Mann des Worts, ein Held der Stille,
Der Aphorisme König Hille.

Erich Mühsam, Unpolitische Erinnerungen

Berlin 1951

Am 1. Januar 1901 bezog ich, nunmehr professioneller deutscher Dichter, ein Zimmer in der Wilsnacker Straße. Ich kannte nun schon verschiedene Berühmtheiten persönlich und konnte die Namen, vor denen ich mich bisher verbeugt hatte, mit den Menschen vergleichen, die ihre Träger waren. Die ersten Veranstaltungen der „Neuen Gemeinschaft“, an denen ich teilgenommen hatte, führten sofort Bekanntschaften herbei. Heinrich Hart stellte mich seinem Bruder Julius vor. Ich wurde zur Betreuung dem Photographen Fritz Löscher übergeben, einem Bekenner konsequentesten Tolstoianertums, dessen schöne Frau Ida die erste Werkstatt für moderne Frauenbekleidung eröffnet hatte, aus welcher in meiner Erinnerung alle die violettsamtenen hängenden Gewänder der dem Reiche der Erfüllung zustrebenden Damen hervorgingen. Durch Löscher lernte ich die Gemeinschaftsanhänger kennen, die dem „Orden vom wahren Leben“ sozusagen als dienende Brüder die Kleinarbeit besorgten, Arbeiter und Künstler, auch Kaufleute, junge Mädchen und Idealisten aller Art. Sie hielten im Architektenhause Tür- und Kassenwacht, führten die Vortragsbesucher zu ihren Plätzen, verkauften Broschüren und verteilten Zettel und Programme.

Einer der Handzettel stellte einen Sonderdruck eines Gedichtes an Böcklin dar, der eben gestorben war. Es war von Peter Hille, von dem ich höchstens einmal den Namen gelesen haben mochte. Das Gedicht war prachtvoll, man erlebte darin die ganze Phantasie der Böcklinschen Schöpfungen, und das seltsame Pathos der lose gebundenen Rhythmen mit der Häufung kühner und unbeschreiblich sinnfälliger Wortbilder – „Ein frohes Tosen wiehert der Stromsturz nieder“, „. . . des Wageblutes Scharlachtürme . . .“, „. . . zypressendichter Schlaf . . .“ – ergriff mich mächtig. Der Dichter aber, den bartumwallten riesigen Kopf mit den verträumten Kinderaugen gnomenhaft über dem zarten schlanken Körper, begrüßte die Helfer am Türeingang und gab, seinen Namen nennend, auch mir die Hand, eine zierliche, durchsichtige, verblüffend kleine Frauenhand. Wir gingen miteinander vom Architektenhaus zu Fuß nach Hause, das heißt, ich begleitete ihn zur Kesselstraße, lief noch eine Stunde im Gespräch mit ihm die Chausseestraße auf und ab und schwenkte dann nach Moabit heimwärts. Wir waren Freunde geworden.

Als Peter Hille reich war

Eine Erinnerung von Julius Hart

(In: Reclams Universum, Heft 37, Leipzig, 13. Juni 1929)

Vor 25 Jahren ist der Dichter Peter Hille gestorben. Der feinsinnige und tiefe Poet, von dem auch Reclams Universal-Bibliothek ein Bändchen Aphorismen und Gedichte unter dem Titel „Aus dem Heiligtum der Schönheit" enthält, lebt noch im Andenken vieler Menschen, die sein zeitfremdes Wesen verstanden und liebten. Wir bringen heute eine Erinnerung an Hille von Julius Hart, einem seiner besten Freunde, an dessen 70. Geburtstag wir in Heft 28 erinnerten.

Um die Mitte der sechziger Jahre des vorigen Jahrhunderts wars. Seit einigen Wochen lebte Peter Hille bei mir, der liebe Dichter und Träumer, der herrliche, gute Mensch, der während seines Lebens viel gesät und niemals geerntet hat. Heute stehen die nach seinem Tode gesammelten Werke – nur einiges von dem, was von den Schöpfungen des unablässig Dichtenden und Schreibenden nicht verlorenging – in den Bücherschränken von Kennern und Feinschmeckern.
Ein paar Jahre lang hatte ich ihn nicht gesehen. Plötzlich und völlig unerwartet war er dann eines Tages gekommen. Draußen klingelte es an der Flurtür, und meine Wirtin, die Zimmervermieterin, bei der ich wohnte, kam bald darauf mit einem etwas erschreckten Gesicht zu mir herein. „Draußen steht ein fremder Mensch", sagte sie. „Er sieht ganz verwahrlost aus. Ein Bettler." Ein strenger Blick glitt an mir hinunter. „Er fragte, ob Julius zu Hause wäre. Er sagte weiter nichts als Julius." – „Peter!" schrie ich. „Das kann nur Peter sein", und stürzte zur Tür. Ja, da stand er wirklich, still und freundlich lächelnd. In der einen Hand hielt er eine Flasche spanischen Weins, in der andern ein Zigarrenkistchen, in dem er, wie sich später herausstellte, einen alten Hemdkragen aufbewahrte, und unter dem Arm ein unendlich großes, dickes, schweres Hauptkassenbuch, wie es, glaub ich, nur allergrößte Weltfirmen nötig und im Besitz haben. Es war alles, was er besaß. Das köstlichste Gut war das Kassenbuch. Es kam nicht von seiner Seite. Es begleitete ihn

auf Schritt und Tritt bei seinen Spaziergängen auf der Straße. Öfters blieb er dann stehen, klappte es auf und schrieb mit tiefversonnenem Ausdruck einen jener Aphorismen nieder, um derentwillen ihn die Literaturgeschichte besonders schätzt und die ihm „in ambulando", wie er sagte, besonders reich einfielen und zuwuchsen. Die Leute auf der Straße blieben dann freilich meist auch stehen, guckten ihn verwundert und kopfschüttelnd an und tippten mit dem Finger auf die Stirn.

Peter blieb bei mir wohnen und teilte redlich mit mir das wenige, was ich besaß. Er bekam sogar ein eigenes Stübchen nach dem Hof hinaus, wo er völlig ungestört mit den Musen Zwiesprache halten und buhlen konnte. Und so vergingen einige Wochen – da geschah das Wunder – das unerhörte Wunder, von dem ich erzählen will und das darum auch gleich schon die Überschrift angekündigt hat.

Wieder klingelte es, und wieder stürzte die Wirtin ins Zimmer, aufgeregt, zitternd, und sank luftschnappend auf den eigens dazu hergestellten Stuhl.

„Paeschke!" sagte sie.

Etwas erbleichte ich doch und wehrte mit beiden Händen ein Gespenst von mir fort.

„Nee", winkte sie ab. „Diesmal brauchen Sie ooch mal keene Angst zu haben. Haben will er diesmal nix ... ne Nachnahme is es nicht. Er bringt was – ville, ville ..."

„Geld? Ich?" schrie ich, juble ich, im Augenblick völlig umgewandelt. „Unmöglich ... Woher? Aber ... aber ... warum nicht? Herein, o du Guter, o du Alter, herein ..."

„Nee, Sie nicht ... Drinnen bei Peter Hillen is er ... Na, der wird Oogen machen ..."

Es verhielt sich in der Tat so. Paeschke, der Geldbriefträger, war bei Peter zu Besuch gekommen. Unglaublich. Paeschke kam sehr gern zu uns und war dem Hause durchaus freundlich gesinnt. Zumeist erschien er allerdings mit Zahlungsbefehlen, Wechseln, die eingelöst werden wollten, und ähnlichen unangenehmen Dingen. Doch wußte er die Verhandlungen darüber zu erleichtern und rasch zu erledigen. „Na", sagte er, „ich komme erst gar nicht aus. Bezahlen tun Sie ja doch nicht. Es interessiert Sie doch nie, woher sie kommen. Es ist nur der Ordnung wegen." Er hatte recht. Es interessierte durchaus nicht. Aber dann und wann

geschah es doch, daß er auch ein Honorar brachte. Sein Gesicht strahlte ordentlich vor Freude darüber. Es gab ein sehr reichliches, sehr gutes Trinkgeld. Darum die Freundschaft.
Diesmal aber, als er aus Peters Stube wieder herauskam, klang sein „Juten Mor'n" noch besonders froh und kräftig. Ordentlich verwegen schief hatte er die Dienstmütze aufgesetzt und ein Zwanzigmarkstück in sein Auge wie ein Monokel geklemmt.
Peter stand in seinem Zimmer, als wir eindrangen, mit gesenktem Kopf, fast sorgenvoll-grüblerisch dreinschauend, als wolle er zum Hauptkassenbuch greifen und ein Aphorisma dort eintragen. Aber diesmal zählte er Geldscheine.
„Wieviel, Peter?" fragte ich in atemloser Spannung.
„Nichts, nichts ...", antwortete er – gelassen, ruhig, selbstverständlich, als wäre es das Gewöhnlichste, Alltäglichste, daß Paeschke ihm einen Besuch abstattete und seinen Tisch mit Tausendmarkscheinen pflasterte. „Nichts – fünfhundert Chimären nur ..."
„Fünfhundert Mark willst du sagen ... Fünfhundert Mark!!! Donnerwetter!!!" rief ich.
Er nickte still mit dem Kopfe. Dann aber kam auf einmal eine große stürmische Bewegung über ihn. Hastig griff er nach seinem Hut, rief: „Einen Augenblick, einen Augenblick nur. Gleich bin ich wieder da", stürzte husch! aus der Tür heraus und sauste die Treppe hinunter. Erstaunt, verwundert starrte ich dem Entfliehenden nach. Was war so plötzlich über ihn gekommen? Die Geldscheine hatte er auf den Tisch geworfen, ein paar davon zerknüllt und in die Tasche gesteckt.
Zehn Minuten später erschien er wieder. Diesmal mit einem sonnig verklärten Gesicht. Zwei Flaschen Wein hob er triumphierend in die Höhe. „Solche Ereignisse wollen gefeiert werden", meinte er. „Da, Tokaier, Ruster Ausbruch! Fünfzehn Mark die Flasche. Ich glaube, er wird dir munden. Lang genug ist's her, daß wir einen guten Tropfen kosteten."
Vollkommen war der Genuß freilich doch nicht. Wir mußten die braungoldene Labe mit dem zarten, zarten Schwarzbrotduft aus Kaffeetassen trinken. Wein aus Kaffeetassen! Es geht wirklich nicht. Es ist wider alle Poesie. Ohne Leuchten

und Glanz. „So werden auch wir zu ästhetischen Barbaren. Heinrich" – er meinte meinen Bruder – „wird um keinen Preis da mittrinken", stöhnte Peter und griff sich verzweiflungsvoll in sein lang wallendes Haar. „Wie ich nur daran nicht denken konnte. Du hättest es mir doch gleich sagen sollen, daß ich auch ein Dutzend Weingläser mitbringe! Wir werden uns das doch jetzt wohl öfter erlauben können. Und wenn wir unsere Freunde einladen, dürfen wir ihnen doch keine Kaffeetassen vorsetzen."
Peter sprang auf, griff wieder nach seinem Hut, um das Versäumte nachzuholen. Mit einiger Mühe nur konnte ich ihn zurückhalten und vor neuen Geldausgaben bewahren. Schließlich aber kamen wir trotz Kaffeetassen in eine recht behagliche, wohlige Stimmung, wenn auch Peter kopfschüttelnd immer wieder daran erinnerte, daß selbst der köstlichste Inhalt in philisterlich-nüchterner, trocken-irdener Form ein Verbrechen an der Weltordnung sei, die allein in der Schönheit wurzle. „Du bist. Wir sind. Also ist Schönheit", sagte ich mahnend und Petersche Worte variierend, „auch in *unseren* Kaffeetassen."
Je mehr sich die Flaschen leerten, um so mehr entwickelten sich unsere prometheischen Fähigkeiten, diese Kaffeetassen in Weingläser umzuwandeln. Peter legte sein Kapitalvermögen an, hundertfältige Zinsen sollte es bringen, fruchtbar werden. Er versank in Phantasien und schwelgte in großen Plänen.
„Fünfhundert Mark", sagte er. „Das will doch etwas bedeuten. Damit läßt sich viel anfangen . . . Fünfhundert –"
„Vierhundertfünfzig", wagte ich einzuwenden. „Vor einer Stunde fünfhundert, jetzt zehn Prozent weniger . . ."
„Zehn Prozent", sagte Peter milde. „Wie kommst du darauf? Du sprichst ja geradeso, als wenn du an der Börse handeltest . . . Das macht doch keinen Unterschied . . . Die lumpigen fünfzig Mark bringen wir doch rasch mit der Zeitschrift wieder ein . . ."
Ja, eine Zeitung. Selbstverständlich war das das erste, was er gründen wollte. Natürlich eine Literaturzeitung. Poesien, große Essays, Kritiken! Jeder, der es zu etwas bringen will, muß die zuerst herausgeben. Damit wird man zu einer Macht. Den Gewalthabern von den anderen Blättern, die einem doch immer wieder alle Manuskripte zurückschicken,

muß man es unter die Nase reiben, was für Idioten sie sind.
Eine strahlende Maiensonne leuchtete durch die Fenster und goß über Peters Angesicht und Gestalt all ihren Glanz und Jubel. Natürlich war auch ich begeistert von dem herrlichen Gedanken. Unsere Gläser klangen immer wieder zusammen: „Hoch die neue Zeitschrift!" Große Programme wurden geschmiedet. Es war ein festlicher Morgen.
Leider goß unsere Wirtin Wasser in das Feuer unserer Begeisterung. Sie war gar zu sehr ins Alltägliche versunken und dachte immer zuerst ans Praktische. Peter sollte sich vor allem zuerst einmal einen neuen Anzug kaufen. Das wäre das Notwendigste. Er müsse sich doch schämen, wenn er so über die Straße ginge. Ganz vergebens suchte ich den kostbaren schwarzen Anzug, den ich Peter ausgeliefert hatte, als er vor ein paar Wochen gekommen war, vor so hämischen Angriffen zu schützen.
Lange wog mein Herzbruder den Kopf sorgenvoll hin und her. Er trat sogar vor den Spiegel und musterte sich. Nach einer Weile nickte er leise. „Ja", sagte er. „Sie haben vielleicht doch recht. Ich sehe aus wie François Villon. Ich liebe, ich bewundere ihn ... Auch er trug Lumpen ... Er war doch ein König ... Aber ... aber ... Wenn ich jetzt Herausgeber einer Zeitung werde ..." Sein Auge fing an zu leuchten: „Ja, zuallererst ein neues Gewand für den alten Adam. Auch der Leib sei uns heilig ..."
Ich wußte, was für Visionen vor ihm aufstiegen. Schon einige Male hatte er früher davon gesprochen, wie von einem großen beseligenden Zukunftstraum. Wenn einmal das viele, viele Geld für seine Romane, seine Dramen, seine Gedichte einkäme, dann wollte er sich das zuerst anschaffen. Im Sommer hälts wunderbar kühl, im Winter köstlich warm, so daß es gar keines Mantels mehr dazu bedarf. Sah man jemals einen Menschen, der sich dieses köstlichsten Kleidungsstükkes als seines Besitzes erfreute, auch bei schärfstem Frost in Überzieher oder Pelz gehen?
Wollregime! Jägers Normalanzüge. Reine Wolle! Das war ein großes Schlagwort jener Tage, und alle hörten auf die Verkündigung Dr. Jägers, des Gesundheits- und Duftapostels ... Vegetarianer, Gesundheitsprediger, die aus dieser schlechten Zivilisation wieder heim zu den Paradiesen wollten ...

Bekümmert sah ich Peter an, mit schlechten, schmöden Zweifeln in seine Träume einbrechend.
„Hundert Mark ...", wagte ich zu mahnen. „Ein Jägerscher Normalanzug kostet hundert Mark", wiederholte ich behutsam. „Unmöglich! Denk an deine Zeitung ..."
„Und spare ich nicht damit einen Wintermantel?" wandte er ein.
„Wir leben jetzt im Mai! Bis dahin ists lange. Haben wir schon jemals an den andern Tag gedacht?"
Doch Peter gab sich nicht gefangen. Zuzutrauen war es ihm ja nicht. Dennoch war er in der Jägerfrage gut bewandert.
„Freilich", meinte er, „hundert Mark bezahle ich nicht für meine Kleider. Ein Dandy zu sein, dafür danke ich ... Aber du weißt doch, ich habs dir ja bereits mal gezeigt" – er lächelte wieder still verklärt –, „wie billig man schon die Jägerschen Kleider bekommen kann ..."
Ja, das war richtig! Auf der Leipziger Straße, dort, wo jetzt der Wertheimsche Warenpalast sich erhebt, lag damals unter vielen anderen Häusern noch „Die goldene 110", ein Kleiderparadies, das sich eines gewaltigen Zuspruchs erfreute. Nirgendwo sonst kaufte man so billig. Trotzdem konnte diese „110" alltäglich in den Zeitungen eine große Anzeige erscheinen lassen, die von der poesiebegabten Gattin des Geschäftsinhabers stets mit immer neugefaßten Dutzendversen sinnig eingeleitet war, die auf die reichen Schätze hinwiesen. Da gab es auch schon Wollanzüge à la Jäger, prima Qualität, Stück für Stück zehn Mark. Die Masse mußte es bringen.
Am Nachmittag war Peter plötzlich verschwunden. Erst gegen Abend kehrte er wieder heim, glücklich, strahlend. „Na", sagte er und drehte sich einige Male wie ein Kreisel herum, „wie seh ich nun aus?" Staunend, bewundernd nur konnte ich ihn ansehen. „Ausgezeichnet, herrlich!" stammelte ich. „Damit wirst du Eroberungen machen. Du bist schon ein verteufelt hübscher Kerl, und in so einem funkelnagelneuen Anzug à la mode kommt das erst recht zur Geltung." Wie angegossen saß ihm der blaugrünflimmernde Wollanzug, das kecke Normalgewand Jägerschen Regimes. „Natürlich à la Jäger aus der Goldenen 110", erklärte Peter. „Aber ich sehe wirklich keinen Unterschied." Ich war genauso klug wie er und sah auch keinen. Nur unsere Wirtin, die hereingerufen wurde, um zu bewundern und das Kleinod auf

seinen Wert hin zu schätzen, warf einen Gifttropfen in unseren Festwein. Sie nahm eine Falte des Stoffes zwischen Daumen und Zeigefinger, zwirbelte sie etwas hin und her und sagte ziemlich kühl und ablehnend: „Goldene 110!"
„So? Ja! Allerdings!" fuhr Peter sie etwas unwirsch an, um dann in milderem Tone triumphierend fortzufahren: „Und wie hoch schätzen Madame?"
„Na", meinte diese, „von den ganz teuren zu zehn Mark wirds ja wohl nicht sein ... Sechs, sieben Mark." Sie sprach ganz hochdeutsch, sachlich.
Mit fast feindseligem Auge blitzte Peter sie an, zuckte dann mit den Achseln, lächelte hoheitsvoll geringschätzig und sagte langsam, gedehnt: „Nein, Allergnädigste, Sie irren mal wieder ... Fünf-und-sech-zig-Mark! So stimmt's ..."
Eine gelle Hohnlache war die Antwort: „Die Judenbande! Natürlich; Ihnen sieht ja jeder gleich an, was Sie davon verstehen. So ein Kindskopf wie Sie ... Beschwindelt haben sie Sie – gründlich! Hereingefallen sind Sie – selbstverständlich ..."
Am dritten Tage nach diesem Ereignis schlenderten Peter und ich an einem heißen Frühlingsnachmittag gemächlich durch den Tiergarten. Ein Gewitter zog jäh herauf, ein Regenschauer prasselte hernieder und durchweichte uns gründlich. Doch bald darauf war alles wieder vorüber, und die Sonne strahlte mit alter Glut. Plötzlich blieb ich stehen und blickte mit starren Augen an Peter hinauf und herunter und stammelte entsetzt: „Um Gottes willen, die Hose, die Hose! Was ist mit deiner Hose los? Sie läuft zusammen. Wird immer kleiner ..."
Es war kein Zweifel. Zusehends kroch sie mehr und mehr in sich hinein, wurde immer enger und schloß sich stets fester und praller um die Beine. Schon reichte sie nicht mehr bis an die Knöchel und ließ die Schuhe völlig frei. Auch die Rockärmel waren auf der Wanderschaft begriffen und zogen sich still und sacht nach den Achseln hinauf. Eng wie ein Trikot schnürte sich das Gewand fest und prall um den Leib zusammen.
Ein frecher Bengel pflanzte sich mit ausgegrätschten Beinen vor Peter auf und lachte ihn aus: „Herrje, der dumme Aujust aus 'm Zirkus! Se wolln wol ne Vorstellung jratis jeben, Männeken?"

Auch Peter sah und tastete mißtrauisch an seinem Jägergewande herunter und schüttelte mit dem Kopf: „Merkwürdig. Wie das nur kommen mag?“ Auch ich stand vor einem Rätsel und konnte ihm weiter keine Auskunft geben.
Der Schrumpfprozeß aber machte in den nächsten Tagen geradezu reißende Fortschritte. Immer mehr nahmen Rock und Hose durchaus alle Formen eines den Gliedern eng sich anschmiegenden Badeanzuges an, und kleiner, kleiner wurden Ärmel und Beinkleider und reichten bald nur noch eben über die Ellbogen und Knie hinweg. Auch lösten sich plötzlich und völlig unerwartet ohne weiteres größere und kleinere Stoffteile aus der Umgebung los und ließen nur noch Löcher sehen.
Ich muß bekennen, daß ich in diesen Tagen, wenn Peter zum Spazierengehen aufforderte oder wichtige Gänge für seine Zeitschrift zu tun hatte, stets neue Gründe besaß, notwendig zu Hause bleiben zu müssen. Es regneten nach meinen Behauptungen die Aufträge, Feuilletons zu schreiben, geradezu auf mich herab. Besorgt aber blickte ich auch stets meinen lieben Gefährten an, wenn er glücklich wieder heimkam. Er war dann merkwürdig hochrot im Gesicht, blickte arg verdrießlich und beschämt drein und sah mit geradezu feindseligen Augen, soweit Peter feindselig blicken konnte, an seinem Normalgewand à la Jäger herunter. Eine Woche war seit jenem denkwürdigen Tage verflossen, da Paeschke mit fünfhundert Mark zu ihm gekommen war und er in der „Goldenen 110“ sich das köstliche Wollregime-Juwel erstanden hatte, da kam er besonders erregt von einem seiner Geschäftsgänge zurück. Er sprach von einem Zusammenstoß mit einem Polizeimenschen. Es wäre verboten, sich im Badekostüm öffentlich auf der Straße zu zeigen. Das verstoße wider den Anstand und die Sittlichkeit. „Wollregime! Normalkleidung! Nie wieder!“ lachte Peter bitter auf, riß sich im Handumdrehen Rock, Weste, Hose vom Leibe und warf sie zusammengeknüllt in die Ecke. Von neuem schlüpfte er wieder in meinen alten, alten schwarzen Gehrockanzug, dehnte sich zwei Minuten lang besonders wohl und behaglich darin und lächelte dann in höchsten Maße glücklich und verklärt: „Ich habe aber etwas mitgebracht . . .“
Ja, er hatte etwas mitgebracht. Trotz aller goldenen Hundertzehner und ihrer 65-Mark-Schleuderpreise gab er einen

herrlichen, von wunderbaren Begeisterungen durchloderten, feierlichen und weihevollen Abend. Auf seinem Höhepunkte öffnete Peter langsam ein großes, schweres Paket und reichte mir ein Päckchen Zeitungsblätter herüber, im Großformat politischer Tageszeitungen. Sie rochen noch ganz frisch nach Druckerschwärze.

Einen Blick auf das Papier, und mit einem hellen Freudenschrei hopste ich vom Stuhl in die Höhe. In einem fort schüttelte und drückte ich Peter die Hand, beide Hände und stammelte, jauchzte ihm Glückwünsche zu. „Herrlich, herrlich", sagte ich. „Und wie rasch das gegangen ist. So schnell hätte ich doch nicht gedacht." – „Ja", meinte er mit der Miene eines vornehmen, durch und durch soliden Kaufmanns, „wenn man alles gleich bar bezahlt auf Heller und Pfennig, die Hälfte im voraus, dann machen die Leute schon Beine. Das tun natürlich die andren Verleger nicht, auch nicht die reichsten." Das Wort „die andern Verleger" schmeckte und kostete er langsam mit der Zunge aus und sonnte sich in seinen Farben und seinem Leuchten.

Ja, da hielt ich sie nun wirklich in meinen Händen, die neue Zeitschrift, erster Jahrgang, Nummer I:

Kritisches Schneidemühl
Wochenschrift für Dichtung, Kunst und Kritik
Herausgeber: Peter Hille

Aber dann gab es mir plötzlich einen tiefen Stich ins Herz, ich fühlte, wie ich ordentlich bleich wurde, und sah erschrocken den Freund an. Zuerst wagte ich gar nicht zu sprechen. Aber wissen mußte er es doch. Und weit ausholend fing ich behutsam ganz allgemein zu schimpfen an, über den ewigen, ewigen Plageteufeln aller Buch- und Zeitungsschreiber, über blödsinnige Setzer und hinterlistige Korrektoren. „Hast du es denn selber gar nicht bemerkt, unglückliches Menschenkind. Hast du denn selber nicht die Korrektur gelesen?" schrie ich zuletzt Peter an. „Das ist ja ein haarsträubender Druckfehler, der in die Literaturgeschichte noch übergehen wird, wie der in Uhlands erster Gedichtsammlung ‚Leder seid ihr meine Lieder', während doch der Dichter seine Lieder als Lieder bezeichnen wollte."

„Ein Druckfehler?" fragte Peter aufhorchend. „Wie? Wo denn?"

„Ja, bist du denn blind? Gleich die beiden ersten Worte, denke doch nur, die ganze, dicke, fette Überschrift in den Riesenlettern. Da steht ja wirklich und wahrhaftig: ‚Kritisches Schneidemühl‘ ...“

„Allerdings! Hast du vielleicht etwas dagegen einzuwenden?“

„Aber das ist doch Unsinn. Das muß, das soll, das kann doch nur ‚Kritische Schneidemühle‘ heißen. An eine Schneide-, eine Sägemühle hast du doch gedacht, die alles kurz und klein macht. Schneidemühle der Kritik. Ein durchaus guter, vortrefflicher Vergleich ...“

„Ja“, antwortete Peter und sah mich etwas mitleidig an. „Genau dasselbe haben mir die Setzer auch gesagt. Allerdings, auch an eine Schneidemühle habe ich wohl gedacht. Aber sehr neu und originell“, triumphierte er, „wäre das nun gerade nicht gewesen.“

„Schneidemühl! Schneidemühl! Aber das ist doch eine Stadt in Posen, Regierungsbezirk Bromberg, hat ein Oberlandesgericht. Man müßte ja beinahe glauben, du meintest ...“

„Natürlich meine ich Schneidemühl, die Stadt Schneidemühl. Sächlichen Geschlechts! Darum ‚Kritisches Schneidemühl‘ ...“

Fassungslos und starr sah ich ihn an. An langen Stielen krochen meine Augen aus ihren Höhlen hervor. Umsonst suchte ich nach den Zusammenhängen zwischen der Stadt Schneidemühl und Peter Hilleschen Literaturzeitungen und Kritiken.

Aber Peter hielt mir einen halbstündigen Vortrag darüber, wie sich auf vielen Umwegen und Stationen alle Literatur in Kritik, alle Kritik in eine Schneidemühle und diese in die Stadt in Posen leicht und notwendig umwandeln konnte. Das Oberlandesgericht war der letzteren höchste Auszeichnung. Solch ein Oberlandesgericht wollte auch die neue Zeitschrift sein. Und nur 14 000 Einwohner besaß die Stadt. Da verstehen sich die Leute besonders darauf, die lieben Nächsten durchzuhecheln und ihnen gründlich den Kopf zu waschen und so weiter. Peter entwaffnete mich, und als ein völlig Bekehrter konnte ich ihm nur zustimmen. Es war kein Druckfehler. Einzig und allein „Kritisches Schneidemühl“ mußte und durfte die Zeitschrift heißen.

Am nächsten Morgen gings eifrig an die Arbeit. Ich hatte die

Ehre, mitzuhelfen. Die ersten Exemplare wurden für die Post zubereitet und mit Adressen versehen, um den Weg zum Herzen des deutschen Volkes zu finden. Selbstverständlich war Peter das alles in einem: Herausgeber und, wie man damals noch allein sagte, Redakteur, sein einziger Mitarbeiter, Verleger, Packer, Kommissionär und Sortimenter. Es galt, Rezensionsexemplare an die Zeitungen zu senden und Probenummern an alle Freunde und Bekannte sowie an die hervorragenden Größen der Literatur, um sie zum schleunigsten Abonnement zu verlocken. Hundertundfünfzig Postsendungen, jede ganz richtig mit einer Dreipfennigmarke beklebt, lagen zuletzt sauber aufgestapelt vor uns. Hurtig wurden sie zur kaiserlichen Behörde geschafft, und auf dem Heimweg verschwanden wir zuerst noch in einer Weinkneipe, um bei einer Flasche Rotspon den festlichen Tag würdig zu begehen. Der Himmel hing voller Geigen, Trompeten, Flöten und Klarinetten, voller Trommeln und Pauken.

Und wahrlich, die heißen Segenswünsche, die wir „Schneidemühl" auf seinen ersten Weg mitgegeben hatten, schienen erhört zu werden. Ganz unerwartet rasch kam die erste Antwort, ein jubelndes Echo. Schon am zweiten Tage später stürzte Peter aufgeregt, mit selig leuchtenden Augen in mein Zimmer, machte ein paar Luftsprünge und warf mir einen Brief auf den Tisch: „Da lies! Der erste Abonnent! Und was für einer!"

Schon war ich in die Lektüre versunken. Ein Schreiben, acht Seiten lang. Wirklich, Peters Aufregung, Jubel und Freude darüber war das Selbstverständlichste von der Welt. Über und über strömte der Brief von lodernden Begeisterungen und heißen Bewunderungen. Ein Kenner sprach. Er nannte Peter einen Hamann Magus redivivus. Er feierte ihn als den originellsten Kopf der Gegenwart, der wie kein anderer in die tiefsten Geheimnisse des dichterischen Schaffens hineingespürt habe. „Wir müssen uns näher kennenlernen, wir müssen Freunde werden, wir gehören zusammen", hieß es in dem Brief. Ein Ereignis wäre das Erscheinen des „Kritischen Schneidemühls". Alle Zukunft würde davon sprechen. Wie eine Fanfare tönte das Wort hinein in die Sticklüfte der Literatur von heute. Eine Zeitschrift wie diese wäre schon immer die tiefste Sehnsucht und das lebendigste Bedürfnis der jungen Dichter gewesen. Um sie werde sich die ganze neue Generation scharen. „Ich wäre glücklich, wenn ich Ihr erster Abonnent wäre. Aber senden Sie mir umgehend noch vorläufig weitere fünfundzwanzig Exemplare, um damit in meinen Kreisen für das herrliche Blatt weiter zu werben", sagte der Briefschreiber.

Mit pochendem Herzen hatte ich gelesen. „Wunderbar, wunderbar", konnte ich nur stammeln, und drückte Peter fest und innig die Hand. „Gratuliere, gratuliere. Vivat sequens!"

„Ja, wohl tut es schon", antwortete er leise und ergriffen. „Besser als in meiner Zeitschrift konnte ich das Geld wohl nicht anlegen. Dessen bin ich jetzt vollkommen gewiß. Wenn ein solcher Mann mir solch ein Zeugnis ausstellt . . ."

„Detlev von Liliencron!" nickte ich. „Wahrhaftig, darauf kannst du stolz sein. Voilà un homme!"

„Detlev Freiherr von Liliencron", wiederholte Peter. „Ich möchte mich am liebsten gleich hinsetzen und ihm rasch wenigstens eine Karte schreiben, ein ganz knappes Aphorisma nur. Ach was . . . Ich werde ihm einfach schreiben, was – du weißt ja – Victor Hugo mir damals auf einen bewundernden Brief antwortete: ‚Vous êtes un homme.' Auch Liliencron ist einer! Kurz, knapp und schlagend möchte ich ihm auf einer Postkarte nur diese vier Worte schreiben, natürlich auf deutsch: ‚Sie sind ein Mensch.'"

Selbstverständlich, an diesem Tage arbeiteten wir nicht weiter. Peter war zu selig, zu aufgeregt. Die Abonnentengelder strömten in völlig erdrückender Fülle über ihn herein. Da konnte man es sich schon leisten. Bald saßen wir bei einer Flasche perlenden Sektes, und diesmal hatte der reiche Verleger und Zeitungsherausgeber sogar auch gleich zwei richtige Champagnerkelche mitgebracht. Immer wieder leerten wir das Glas auf das Wohl Liliencrons und tranken ihm im Geiste zu. Wir schwärmten von seinen Gedichten. „Ecce poeta!" sagte Peter.

Liliencrons Dichtergestirn war damals gerade am Himmel aufgestiegen. Seine erste Gedichtsammlung hatte vor kurzem das Licht der Welt erblickt. Alle Jungen horchten auf. Ein ganz Echter, ein vor allen Geweihter war unter ihnen erschienen. Auch wir verehrten und bewunderten ihn, und er hatte sich uns tief in die Seele hineingesungen.

Freilich, das war schon ein Glückspilz – dieser Liliencron! Mit vollen Händen hatte Fortuna alle ihre Gaben über ihn ausgeschüttet. Nicht nur die Musen bedeckten ihn mit ihren heißen Küssen. Gerade alles das auch, was wir am wenigsten besaßen, war ihm in verschwenderischer Fülle zuteil geworden. Himmel, Himmel, war der reich! Eine Welt der Verschwendung leuchtete in seinen Gedichten lockend und berauschend auf. Eine Verschwendernatur durch und durch. Auch darin ein echter Poet. Mit vollen Händen streute er das Geld nur so über die Straßen. Natürlich auch ein Don Juan! Wer konnte einem solchen Glückskind widerstehen? Die Weiber liefen ihm nach. Trunken lagen Gräfinnen und Fürstinnen in seinen Armen, doch auch Mine und Stine teilten mit ihnen seine Gunst.

Am nächsten Morgen war Peter schon ganz früh bei mir. „Ja, was mir plötzlich gestern abend durch den Kopf ging", begann er sofort. „Ich habe die ganze Nacht darüber nachgedacht. Ich glaube, du wirst mir recht geben. Nummer 2 muß natürlich unbedingt in acht Tagen fertig vorliegen und gleich auch verschickt werden ..."

„Gewiß! Vollkommene Pünktlichkeit und Regelmäßigkeit ist bei einer Zeitung die erste, notwendigste Bedingung."

„Manuskripte habe ich selbstverständlich in Hülle und Fülle", fuhr er fort. „Aber – aber", er schüttelte mit dem Kopf und blickte etwas sorgenvoll-düster drein, „das Geld, das Geld, die verfluchte Schimäre! Ich weiß nicht, ob es für den Drucker noch reicht. Die Anzahlung kann ich ihm ja freilich noch geben ... Aber dann später ..."

Ich zuckte nur traurig mit den Achseln und wußte keinen Rat. „Ja, Peter ..."

Seine Augen aber strahlten um so heller und vergnügter: „Siehst du, das ist ja gerade der gute Gedanke, der mir noch gestern durch den Kopf ging. Wahrhaftig, ein Einfall, den mir ordentlich der Himmel gegeben."

Gespannt, erwartungsvoll blickte ich ihn an.

„Und der Brief, den ich gestern bekommen habe?" triumphierte Peter. „Denkst du denn gar nicht an den? Liliencron! Wie du weißt, ist er doch einer der reichsten Großgrundbesitzer Deutschlands, ältester holsteinischer Uradel. Ein vielfacher Millionär. Und wahrhaftig kein Geizhals. Und wie sehr er für meine Zeitschrift begeistert ist, wie hoch er mich selber persönlich einschätzt, das hast du doch auch gelesen! Nun also! Daß ihm an der Erhaltung meiner Zeitung alles gelegen sein wird, davon bin ich fest überzeugt. Daß gerade er mein erster Abonnent ist, ich betrachte es als das günstigste Vorzeichen. Eine Stimme des Schicksals sehe ich darin ..."

Schon begann ich zu ahnen und atmete auf. Durch ein inbrünstiges „Ja" ermutigte ich ihn, fortzufahren.

„Eine lächerliche Kleinigkeit ists doch für ihn. Lumpige hundert, hundertfünfzig Mark. Und ich pumpe ihn gewiß nicht an. Nein, nichts weniger als das. Kurz und gut, was meinst du? Ich schreibe ihm, daß wir beide gemeinsam die Zeitschrift herausgeben werden. ‚Kritisches Schneidemühl, herausgegeben von Peter Hille und Detlev Freiherr von Liliencron.' Meinetwegen kann auch sein Name voranstehen. Es ist vielleicht sogar besser. Einen wertvolleren Mitarbeiter kann ich mir ja gar nicht wünschen. Natürlich darf ich ihm nicht zumuten, die gewöhnlichen Redaktionsarbeiten mit zu erledigen. Dafür würde sich natürlich der Herr Magnat schönstens bedanken. Das mach ich ganz allein. Das verstehe ich von Grund auf. Es genügt vollkommen, wenn er mir außer seinen Beiträgen nur noch einiges Geld telegraphisch zuschickt oder bei einer Bank anweisen läßt. Das wird zuletzt noch ein glänzendes Geschäft für ihn, wenn er es auch allerdings nicht nötig hat. Die Reingewinne könnten wir ja schließlich teilen ..."

Bewundernd sah ich zu Peter auf: „Du bist doch ein großer Geschäftsmann. Da mögen die Leute sagen, was sie wollen. Ein ausgezeichneter Gedanke. Freilich, bei dem Briefe Liliencrons hing er geradezu in der Luft. Einen besseren Mäzenas als Liliencron kann man sich schon nicht ausdenken. Ich gratuliere, Peter, aus tiefstem Herzen."

Lachend und sich selig die Hände reibend, lief er ein paarmal in der Stube auf und ab und stürzte sich dann auf Feder, Tinte und Papier, um sein Schreiben an Herrn Freiherrn Detlev von Liliencron so rasch wie möglich ins reine zu bringen. Es wurde sogar eingeschrieben und als Eilbrief abgeschickt. Heimkehrend von der Post, leichtbeflügelten Schritts, brachte Peter auch gleich zwei Flaschen strohumflochtenen Chiantis mit, der aus Champagnerkelchen noch besser schmeckte. Wir waren selig und feierten Stunden reinen

Entzückens in immer höher gesteigerten Erwartungen des Geldes, das sich bald, bald über Peters Tisch ausgießen würde. Aus hundert, hundertfünfzig Mark wurden rasch tausend, zweitausend, fünf-, zehntausend Mark. Auch von einer baldigen Fahrt auf eines der Rittergüter Liliencrons träumte Peter.

Viel rascher noch als das vorige Mal kam diesmal der heißersehnte Brief. Fast mit Telegrapheneile. Der Eifer Liliencrons in der Beantwortung war geradezu ungewöhnlich und wahrhaft rührend. Wie tief mußte ihn das Angebot Peters ergriffen haben. Umgehend schrieb er. Welch ein günstiges Vorzeichen. Am nächsten Tage schon schwang Peter einen Eilpostbrief, sogar einen eingeschriebenen Eilbrief jubelnd in den Händen: „Er ist da! Er ist da!“ Drei Mark hatte er dafür aber auch gleich dem Briefträger in die Hand gedrückt. „So ist es also perfekt“, sagte er mit befreiter Seele und holte tief Atem.

„Lies du ihn zuerst!“ rief er, auf einen Stuhl sinkend. „Ich kann nicht. Ich bin zu erregt, zu glücklich. Man muß sich erst daran gewöhnen, so viel Freude des Lebens zu ertragen.“

Ich öffnete mit zitternden Händen. Dann aber leuchtete beim Überfliegen der Überschrift mein Auge auf. „Lieber Herr Hille! Teurer Meister!“ las ich.

Ich wiederholte die Anrede laut und nickte Peter ermutigend zu: „Na, siehst du?“

Er lächelte geschmeichelt und sprang dann mit einem Juchzer vom Stuhl auf. „Freilich, das klingt schon anders als vor ein paar Tagen noch . . . das kühle, nichtssagende ‚Sehr geehrter Herr!‘ Ach, ich wußte ja, ein herrlicher Mensch ist er.“ Mit großen Schritten maß er die Stube ab.

Rasch überflog ich den Brief und ließ ihn still in den Schoß sinken. Hätte ein Glas Wasser auf dem Tische gestanden, so würde ich es mit einem Sturz hinuntergeschluckt haben. Mir wars, als wäre mir etwas in der Kehle steckengeblieben.

„Nun?“ fragte Peter munter.

„Er hat deinen Brief überhaupt noch nicht bekommen. Er spricht kein Wort davon. Die beiden Briefe haben sich gekreuzt“, begann ich schonend, mit leiser, tröstender Stimme. „Jetzt erst wird er auch deine Epistel bekommen haben und liest sie vielleicht in derselben Stunde wie wir die seine.“

Einen Augenblick hatte Peter etwas enttäuscht dareingesehen. Dann aber war er wieder obenauf. „Freilich, freilich! Es konnte ja unmöglich schon eine Antwort auf meinen Brief sein. Das haben wir übersehen. Warten wir also noch einen Tag ..." Er blickte eine längere Weile vor sich hin. Ich wagte nicht, die Stille zu unterbrechen. „War es aber nicht ein eingeschriebener und ein Eilbrief? ..." fragte er dann.

„Ja, genauso, wie du einen an ihn geschickt hast."

„Dann ist es aber doch ein ganz wichtiger Brief ..."

„Gewiß! Er will dir in den nächsten Tagen Gedichte schikken. Soviel du haben willst. Auch Prosaskizzen, Novellen – was du eben magst. Du kannst auf seine eifrigste Mitarbeit zählen ..."

Peter taute wieder völlig auf und lachte fröhlich: „Herrlich! Herrlich! Natürlich, soviel er will! Gerade darum hatte ich ihn ja selber gebeten! Wie sich doch unsere Wünsche begegnen! Er soll doch gleich auch Mitherausgeber werden. Ha, das ist allerdings ein wichtiger Brief, der all unsere Unterhandlungen beschleunigt und fördert. Jetzt ist mir nicht einen Augenblick mehr bange. Wir gehen Hand in Hand. Wir haben ein gemeinsames Interesse. Die paar tausend Mark sind sicher ..."

Mit hilflosen jammernden Augen blickte ich ihn an und griff nach seiner Hand, sie leise streichelnd: „Lieber, lieber, guter Peter ... Immer nur Mut ... Kopf auf!! ... Uns kann nichts passieren ..."

„Da hast du recht", lachte er fröhlich. Er hatte mich nicht völlig begriffen.

„Ja ... und ... und ... wie soll ichs dir nur sagen? Halte dich um Gottes willen fest, Peter ... Er ... er ... Liliencron pumpt dich an ... Vorschuß sollst du ihm schicken ... auf seine Gedichte ... Hundert Mark ... Telegraphisch, wenn eben möglich ..."

Da taumelte Peter zurück und starrte mich an mit weit aufgerissenen Mund und Augen. „Mach doch keine dummen Scherze", wehrte er nach einer Weile ab.

„Keine Scherze – leider nicht! Hundert Mark – telegraphisch! Er hält dich für sehr ... sehr reich. Als Herausgeber einer eigenen Zeitschrift wäre es dir eine Kleinigkeit ..."

Peter faßte sich an die Stirn.

„Ich soll ... Liliencron ... Dem Millionär ... dem Groß-

grundbesitzer ... hundert Mark ... Unmöglich! ..."
Er riß mir den Brief aus der Hand und las ihn einmal, zweimal. Dann legte er ihn auf den Tisch zurück, wehmütig, in allen Hoffnungen geknickt und zusammengebrochen: „Es ist so ... Ich soll ihm ... hundert Mark ... telegraphisch ..."
Ein langes dumpfes Schweigen herrschte im Zimmer. Man hörte das Summen der Fliegen. „Es scheint ihm genauso zu ergehen wie uns, er hat selber nichts", sagte Peter endlich, die Ergebnisse seines Nachdenkens in wenige Worte zusammendrängend.
„Das glaube ich auch."
„Und fährt immer vier- und sechsspännig ..."
„Ecce poeta! Er lebt von der Phantasie, genau wie wir ..."
„Ich würde ihm ja gern helfen", fuhr sich Peter verzweifelt in die Haare und sprang vom Stuhl auf, stieß ihn um ... „wenn er es mir vor acht Tagen geschrieben hätte, als ich die fünfhundert Mark bekam ... Aber jetzt ... gerade jetzt ..."
Ich richtete ihn auf und tröstete ihn: „Er wird sich schon durchbeißen, wie du und ich ..."
„Kritisches Schneidemühl" aber mußte leider sein weiteres Erscheinen einstellen. Liliencron war sein erster und einziger Abonnent gewesen. Der „Vivat sequens" stellte sich nicht ein. Und *der* Abonnent bezahlte nicht. Peter drang auch nicht darauf. Darin waren beide gleich großzügig ...

Textnachweis

Die Texte wurden bis auf wenige Ausnahmen gedruckt nach:
Peter Hille, Gesammelte Werke. Herausgegeben von seinen Freunden. Eingeleitet von Julius Hart. Schuster & Loeffler, Berlin 1916

Sie wurden u. a. verglichen mit und ergänzt nach:
Peter Hille, Ausgewählte Dichtungen. Auswahl Alois Vogedes. A. Henn Verlag, Ratingen 1961
Walther Pfannmüller, Der Nachlaß Peter Hilles. Gotha 1940 (Phil. Diss. in Bonn)
Gertrud Weigert: Peter Hille, Untersuchungen und Texte, Königsberg 1931
Fürs Publikum gewählt – erzählt. Henschelverlag, Berlin 1966

Die literaturwissenschaftlichen Aufsätze sind erschienen in:
Deutsche Monatsblätter. Centralorgan für das literarische Leben der Gegenwart, herausgegeben von Heinrich und Julius Hart, Bremen 1878

Aphorismen sind zusätzlich entnommen worden:
Antonie Brinkmann, Leben und Aphorismenwerk Peter Hilles. Marburg 1949 (Phil. Diss.)
Deutscher Musen-Almanach für das Jahr 1897. Blätter neuer deutscher Litteratur und Kunst, herausgegeben von Wilhelm Arent. Leipzig und Wien 1897
Heinrich Hart, Peter Hille, Die Dichtung. Berlin und Leipzig o. J. (1903)

Die eigenwillige Orthographie Peter Hilles wurde behutsam heute gültigen Regeln angepaßt. In Zweifelsfällen wurden die Varianten der ersten Ausgabe der gesammelten Werke Peter Hilles übernommen: Peter Hille: Gesammelte Werke in vier Bänden, Schuster & Loeffler, Berlin und Leipzig 1904

Die Reproduktionen erfolgten nach:
Peter Hille, Gesammelte Werke, Schuster & Loeffler, Berlin 1906
Peter Hille, Eine Einführung in sein Werk und eine Auswahl. Franz Steiner Verlag GmbH, Wiesbaden 1957

Inhalt

I

LYRIK

„Und alles, was schön ist auf dieser Weltwiese,
Ist aus Sehnen und Liebe schön."

ANHANG

III

APHORISMEN

„Wenn die Aufklärung Heilige kreierte, ebenso wie die Umnebelung – die Kirche –, dann hätten wir sicherlich bald einen San Antonio Filippo Reclam. Ich selber würde im Kanonisationsprozeß als Zeuge für erlebte Wunder auftreten."

IV

ÜBER DICHTER UND DICHTUNG

„Selig die Stadt, die sich Richter weiß,
denen die erhabene Dichtung Beweis wird."